Wolfgang Clement · Klartext.

Wolfgang Clement

Klartext.

Damit Deutschland wieder in Fahrt kommt.

Eine Streitschrift

johannis

Bibliografische Information der Deutschen Nationalbibliothek
Die Deutsche Nationalbibliothek verzeichnet diese Publikation in der Deutschen Nationalbibliografie; detaillierte bibliografische Daten sind im Internet über http://dnb.d-nb.de abrufbar.

ISBN 978-3-501-05189-4

Bestell-Nr. 05 189
2. Auflage 2009

Umschlagbild: Tom Trambow
Umschlaggestaltung: Aclewe GmbH, Köln
Gesamtherstellung: St.-Johannis-Druckerei, Lahr/Schwarzwald
Printed in Germany 17263/2009

www.johannis-verlag.de

Für Karin
und unsere große Familie

Inhalt

Vorwort 9
Einleitung 15

I. Staat, Gesellschaft und Parteien 23
Klarheit und Wahrheit 23
Die organisierte Unverantwortlichkeit 25
Meinungsbefreiung 30
Land oder Partei? 36
Wider die »Einheitsfront« 38
Politisches Personalmanagement 44
Staat in Regulierungswut 48
Kanzler, Minister, Präsidenten 53
Landwirtschaft macht Politik 54
Europa verdient Öffentlichkeit 55
Ministerpräsidenten sind stark 57
Die lange Bank der Länder 58
Föderalismus in der Warteschleife 59
Kurt Becks eigener Sender 60

II. Wirtschaft und Arbeitsmarkt 65
Globalisierung und Demografie fordern heraus 65
Exkurs: Der Globalisierungsbetrieb Fußball 67
Fähige Konkurrenz 68
Exkurs: Das Jahrhundert der Alterung 70
Wandel verlangt Erneuerung 72
Unternehmen Talent-Management 81

Mit Wirtschaft Staat machen 83
Arbeit für den Arbeitsmarkt 85
Das Recht zum Dienst 91

III. Klima und Energiepolitik 97
Wahrheiten von heute – Irrtümer von morgen 97
Der hessische Irrweg 102
Die hässlichen Konsequenzen 106
Vorsicht, De-Industrialisierung! 111
Das dreifache Nein 114
Pragmatismus statt Ideologie 118
Auch Gorleben kann kommen 123

IV. Erziehung, Bildung und Qualifikation 127
Zukunftsgestaltung geht vor 127
Schulen brauchen Partner 128
Neues Denken muss her 131
Die Bildungsinitiative des Frankfurter Zukunftsrates 133
Europäer mit Vision 135

Anhang 141
Wolfgang Clements Erklärung zum Austritt aus der SPD im Wortlaut 141
Die 19 Thesen des Frankfurter Zukunftsrates zur Bildungspolitik 142

Vorwort

Das erste Dezennium des 21. Jahrhunderts neigt sich dem Ende zu und die Welt schlittert in eine Wirtschaftskrise, wie sie sich zuletzt vor ziemlich genau 80 Jahren, auch damals in New York beginnend, zutrug. Es stimmt schon: Geschichte wiederholt sich nicht, auch nicht die Wirtschaftsgeschichte. Die Staaten und auch die Mehrheit der Wirtschaftslenker haben aus der Katastrophe, die sich aus dem amerikanischen »schwarzen Donnerstag« entwickelte und die bis in die nächste, noch viel schrecklichere Katastrophe des Zweiten Weltkrieges andauerte, offensichtlich gelernt. Sie kooperieren zumeist, die Regierungen und die Zentralbanken zumal, und schotten sich, jedenfalls mehrheitlich, nicht gegeneinander ab. Sie investieren gewaltige Summen, statt auf die Ausgabenbremse zu treten. Sie versuchen, die Finanzmärkte wieder in Gang und die Volkswirtschaften wieder in Fahrt zu bringen, statt Banken und Branchen beim Untergang zuzusehen. Das alles gibt begründete Zuversicht, die Herausforderungen dieser weltwirtschaftlichen Rezession – oder drohenden Depression? – besser bestehen zu können als jene der 30er-Jahre des vergangenen Jahrhunderts.

Aber reicht das? Ich bin überzeugt: Nein. Es reicht nicht!

Heute ist viel vom »starken Staat« die Rede, der in der Tat zur Stelle sein muss, wo »Not am Mann« ist. Seine vornehmste Aufgabe ist es, die Gemeinschaft seiner Bürgerinnen und Bürger vor Nöten und Gefahren zu schützen, seien dies militärische, terroristische oder eben ökonomische Gefahren und Risiken. Dazu ist er nun einmal da.

Er muss natürlich auch das Grundlegende regeln, allein oder gemeinsam mit anderen Staaten. So bedarf es zum Beispiel einer nationalen, europäischen und schließlich globalen Finanz- und Wirtschaftsordnung oder Vereinbarungen zum Klimaschutz und zur Rohstoffversorgung, weil Märkte ohne Ordnungen nicht frei und fair funktionieren – weder im Großen noch im Kleinen.

Aber stark ist der Staat dennoch nur, wenn er sich nicht in erster Linie auf Gesetze, Verordnungen und auf seine Administrationen beruft, sondern zuallererst auf selbstbewusste, ihrer

Verantwortung in Freiheit bewusste Bürgerinnen und Bürger stützen kann. Der starke Staat braucht starke Bürger. Das ist die Orientierung, die mich zeit meines journalistischen und politischen Lebens geleitet hat. Welche Systeme der Welt- und Zeitgeschichte ich auch betrachte – an dieser Grundlinie waren und sind bis heute keine Abstriche nötig.

Wichtig ist, diese Lehre gerade in kritischer Zeit nicht zu vergessen oder verdrängen zu lassen. Denn ich bin meiner Sache sicher: Hätten wir früher dafür gesorgt, all die vielen politischen oder administrativen Bremsklötze zur Seite zu räumen, die heute private Initiativen und privatwirtschaftliche Investitionen behindern oder sogar verhindern, wir könnten uns vieles aus den gewaltigen staatlichen Konjunkturprogrammen sparen, die jetzt auf den Weg gebracht werden. Man wartet immer auf einen Befreiungsschlag gegen die überbordende Bürokratie, die die Unternehmen unseres Landes jährlich knapp 50 Milliarden Euro kostet. Aber wer hat endlich den Mut und die Kraft dazu? Wer schafft die dringend notwendige Beschleunigung von Genehmigungsverfahren? Was ist beispielsweise mit den Milliardeninvestitionen in den deutschen Kraftwerkpark, die zur Stunde auf Eis liegen? So käme rasch mehr zusammen als all das, was uns derzeit im Kampf gegen die Herausforderungen der Rezession teuer zu stehen kommt.

Das ist das Anliegen dieser Schrift: dass wir die Fesseln ablegen oder zerreißen, die wir über die Jahre und Jahrzehnte selbst geknüpft und uns angelegt haben. Meistens in bester Absicht – beispielsweise, um eine föderale Machtbalance zu gewährleisten oder einen funktionsfähigen öffentlichen Dienst oder um mehr Gerechtigkeit zu schaffen –, doch inzwischen mit immer mehr die Kräfte bremsender, geradezu ermüdender Wirkung. Wo alles und jedes »von oben« geregelt wird, da erschlafft auf die Dauer auch der aktivste Bürger, der wachste und kritischste Geist und der risikofreudigste Unternehmer. Auf genau die sind wir aber angewiesen, gesellschaftlich wie volkswirtschaftlich. Und zwar gerade in dieser herausfordernden Zeit!

Das, was ich hier zu Papier gebracht habe, speist sich nicht nur, aber vor allem aus den Erfahrungen und auch aus den Fehlern von rund zwei Jahrzehnten politischer Arbeit. Ich meine, es ist an der Zeit, »Klartext« zu reden. Denn unser Land verliert sich gelegentlich, wie mir scheint, in einer fast ritualisierten Langsamkeit. Wer stört sich eigentlich noch daran, dass es von der Planung bis zur Fertigstellung eines Autobahnteilstücks hierzulande im Durchschnitt an die anderthalb Jahrzehnte dauert? Um in den globalen Herausforderungen der Zukunft bestehen zu können, müssen wir rasch wieder an Fahrt gewinnen. Das, so meine ich, sind wir uns und vor allem den uns nachfolgenden Generationen schuldig.

Wolfgang Clement

Einleitung

Wir erleben eine globale Finanz- und Wirtschaftskrise ungeahnten Ausmaßes und dazu Herausforderungen, die schon in normalen Zeiten den vollen Einsatz aller verantwortlichen Kräfte erforderten: Globalisierung, Erderwärmung, Rohstoffknappheit, demografischer Wandel – jedes dieser Stichworte spricht für sich. Die Welt befindet sich in einem gewaltigen Umbruch. Wir müssen mit Veränderungen umgehen lernen, wie sie uns seit dem Zweiten Weltkrieg noch nie abverlangt wurden.

Was ist zu tun? »Manchmal ist die Verteidigung des Erreichten das Maximum des Erreichbaren.« Dieser Satz stammt von dem wortmächtigen Heinz Kühn. Er war einer meiner Vorgänger im Amt des nordrhein-westfälischen Ministerpräsidenten. Mein Eindruck ist, dass die deutsche Politik heute noch so handelt, wie es dieser Satz nahelegt. Nur: Heinz Kühn sagte ihn vor 40 Jahren, in den 60er-Jahren des vergangenen Jahrhunderts.

Damals war die Bundesrepublik Deutschland

noch klein. Ihr ging es schon ganz gut und generell noch immer besser, auch wenn im Ruhrgebiet die ersten Zechenschließungen anstanden. Ludwig Erhards Wohlstandsversprechen wirkte. Wirtschafts- und Sozialpolitik waren noch nationale Veranstaltungen. Die Europäische Union lag in ihren allerersten Zügen. Brüssel war weit weg. Das Wirtschaftswunderland jener Jahre muss auf die uns Nachwachsenden wirken wie eine Idylle aus der Provinz – was sie ja auch war.

Und heute? Heute ist die Welt offen und scheint – fast – grenzenlos, auch was ihre Gefährdungen angeht. Allerdings hat der *Kommunismus* als ökonomische Heilslehre schon vor Jahr und Tag abgedankt. Er scheiterte noch vor dem Ende des vergangenen Jahrhunderts, weil er sich als in höchstem Maße ineffizient erwies und seine Fiktion von der Gleichheit aller Menschen auch mit gewaltsamer Unterdrückung nicht aufrechterhalten konnte.

Aber den Offenbarungseid leistete in unseren Tagen auch der ungebremste, ungezügelte *Kapitalismus* – der »Raubtier-Kapitalismus«, wie Helmut Schmidt ihn schon vor Jahren nannte –, weil er außer jeder Kontrolle geriet, ungeordnet und undurchsichtig, wie er war; weil er das Wohlstandsversprechen der Marktwirtschaft ignorierte, Egoismus und Rücksichtslosigkeit freien Lauf ließ, ja, sogar kriminelles Tun förderte und die Schwachen ungeschützt ließ.

Was tritt an seine Stelle? Ist es eine Art *Staatskapitalismus* mit staatlich gelenkten Banken, staatlich gelenkter Industrie und staatlich garantierter Grundausstattung? Auf den ersten Blick sieht es so aus. Und man täusche sich nicht: Die Zahl derer, die den »starken Staat« schon immer als Allround-Verantwortlichen ansahen, wird gewiss nicht abnehmen.

Wird es dennoch – auch in der gegenwärtigen Wirtschaftskrise – gelingen, »Staatskapitalismus und Staatssozialismus« als »gleich fluchwürdige Formen des menschlichen Zusammenlebens« bewusst zu machen, wie Ludwig Erhard einst formulierte, und eine transparente, freie, faire marktwirtschaftliche Ordnung mit sozialer Verankerung im nationalen Rahmen zu erhalten und im globalen Maßstab attraktiv zu gestalten? Und zwar eine marktwirtschaftliche Ordnung, die auch über die Kraft verfügt, unter den Bedingungen von Globalisierung, demografischem Wandel, Energieknappheit und Klimawandel zum Ausgleich zwischen Arm und Reich beizutragen?

Das ist die Frage. Das ist meine Frage.

Niemand sollte die dramatische Zuspitzung der Lage unterschätzen: Weil es einen direkten Zusammenhang zwischen Demokratie und Marktwirtschaft gibt – beide auf dem Freiheitsgedanken als unserem wichtigsten gesellschaftlichen Wert fußend –, deshalb geht es in den Diskussionen unserer Tage auch um die Bestandskraft der Demokratie. Sie muss sich im wettbewerblichen Vergleich mit den diversen autoritären Systemen auf dieser Welt messen.

Und deshalb kommt uns Europäern in dieser neuen Phase der Weltgeschichte eine immens wichtige Rolle zu. Uns, die wir auf diesem Kontinent eine neue Sicherheits- und Friedensarchitektur aufgebaut und – ausgehend vom »rheinischen Kapitalismus« – auch ein neues Verständnis marktwirtschaftlichen Handelns in sozialer Verantwortung entwickelt haben.

China, Indien, Brasilien, Mexiko, Russland, Südafrika, die südostasiatischen Staaten: Die *emerging countries* melden sich immer unüberhörbarer zu Wort. Etwa zwei Milliarden Arbeitnehmer, die bisher fast abseits der Weltwirtschaft lebten und arbeiteten, sind in die internationale Wirtschafts- und Arbeitswelt eingetreten.

Wer Augen hat zu sehen, Ohren zu hören und einen Sinn, um wahrzunehmen, was weltweit in Gang gekommen ist, der wird sich darauf einstellen. Die Zeit, in der Amerikaner mit Japanern und Europäern an ihrer Seite die Welt regierten – wirtschaftlich und auch sonst – geht unweigerlich zu Ende, und zwar rascher, als viele noch vor Kurzem für vorstellbar hielten. Eine neue Weltordnung mit neuen Kraftzentren entsteht.

Die Frage ist: Werden wir Deutsche, werden wir in »old Europe«, werden wir Europäer noch einmal die Kraft aufbringen, diese neue Welt mitzugestalten und mitzuformen? Wer zweifelt, findet viele Gründe. Reformmüdigkeit, Abschottungstendenzen, Tendenzen zur Re-Nationalisierung sind allerorten auf unserem Kontinent auszumachen. Fremdenfeindlichkeit ist das gefährlichste Gift.

Dabei haben wir viel einzubringen in die neue Welt: eine überaus vielfältige Geschichte und Kultur, Christentum, Aufklärung, all unser Wissen und Können. Dazu noch unsagbar viel Erfahrung, gesammelt auf zahllosen Schlachtfeldern, und die einfache, aber unendlich kostbare

Erkenntnis: Am wichtigsten sind Frieden und Freiheit. Es gibt nichts, was wichtiger wäre!

Sie zu wahren, verlangt mehr, als verteidigen zu wollen, was wir heute sind und haben. Denn Deutschland und Europa werden neben den neuen Mächten immer kleiner. Wir werden an Bedeutung verlieren. Und in unseren Ländern, da werden wir – aufgrund weltweit niedrigster Geburtenraten – auch noch immer weniger und – mit permanent steigender Lebenserwartung – auch noch immer älter.

Nichts wird deshalb bleiben, wie es war. Verteidigen hilft in dieser Situation nicht. Gestaltung ist gefordert, in der Welt wie hierzulande. Die globale Gestaltung der Finanz- und Handelsmärkte, der Energie- und Rohstoffversorgung, der internationalen Sicherheit ist das eine. Aber auch das andere ist gefragt, nämlich die eigene, die nationale Verantwortung.

Und deshalb heißt es hier und heute: Das eigene Haus in Ordnung bringen. Umdenken, umsteuern, mutig vorangehen. Gesellschaftliche Fehlentwicklungen und politische Fehlentscheidungen korrigieren. Die unser Land tragenden Kräfte, die sehr schweigsam geworden sind, wieder zu Wort bringen. Auf wichtige Werte be-

sinnen, auf das, was unser Land stark gemacht hat: Erziehung und Bildung, Leistungs- und Wettbewerbsbereitschaft, Selbstverantwortung und Mitverantwortung, Eigeninitiative und Gemeinsinn, Liberalität gepaart mit sozialem Denken und Handeln.

Dazu möchte diese Schrift einen kleinen Beitrag leisten. Getreu einer Bemerkung, die dem Pastor Heinrich Albertz zugeschrieben wird: »In einer Gesellschaft, die sich demokratisch nennt, wird man sich daran gewöhnen müssen, dass manche den Mund auftun, wenn sie es für richtig halten, und auch Zeitpunkt und Ort ihrer Äußerungen selbst bestimmen.«

So ist es. Es ist an der Zeit, Klartext zu reden und von anderen einzufordern – über das, was falsch läuft, was alles anders werden sollte bei uns im Staate Deutschland, in Wirtschaft und Gesellschaft, in Politik und Parteien. Erst recht in Zeiten wie diesen. Gerade dann brauchen wir Taten – und wir brauchen sie jetzt.

I. Staat, Gesellschaft und Parteien

Klarheit und Wahrheit

Was die meisten Menschen in unserem Land von den politisch und wirtschaftlich Verantwortlichen verlangen, ist denkbar einfach. Sie erwarten wahre Aussagen und klare, durchschaubare Verantwortlichkeiten. Aber nirgends werden sie mehr enttäuscht als in gerade diesen so selbstverständlich scheinenden Erwartungen.

Man braucht sich nur an den Bundestagswahlkampf 2005 zu erinnern.

Die einen, die Union unter der Führung von Angela Merkel, entzündeten im Wahlkampf geradezu ein Feuerwerk an Reforminitiativen. Geblieben ist davon kaum etwas. Auf etlichen Feldern wurde das genaue Gegenteil ins Werk gesetzt. Man denke etwa an die Vorstellung von der einfachen »Steuererklärung auf dem Bierdeckel« und die monströse Tatsache der Erbschaftssteuerreform – unser Steuerrecht ist an Kompliziertheit weltweit einfach spitze! Und es ist von der jetzigen Bundesregierung unter der

Führung von Angela Merkel noch um ein Stück komplizierter gemacht worden.

Auf der anderen, der sozialdemokratischen Seite des Bundestagswahlkampfes stand der Kampf gegen die von der Union angekündigte Mehrwertsteuererhöhung. »Merkel-Steuer« war der Kampfbegriff. Er klebte landauf, landab an Litfasssäulen und auf Plakatwänden. Die Union hatte indes »nur« eine zweiprozentige Erhöhung angekündigt. Nach der Wahl wurden daraus im Zusammenwirken mit der SPD in der großen Koalition – nein, nicht etwa zero oder ein Prozent, auch nicht zwei, sondern drei Prozent!

Dass der seinerzeitige Vizekanzler auf die verständlicherweise große Enttäuschung und massive Kritik an dem Bruch von Wahlversprechen der beiden großen Volksparteien mit der Bemerkung reagierte, es sei unfair, eine Partei, die in einer Koalition regieren müsse, an ihren vorausgegangenen Wahlkampfaussagen zu messen, war eine eigentlich atemberaubende Fehlleistung. Man sollte meinen, auch der engagierteste Wahlkämpfer müsste unterscheiden können zwischen einem fairen Kompromiss, der sich an zweiseitigen Ursprungsvorstellungen orientiert, und einem Handeln in genauem Gegensatz zu vorausgegangenem Sagen, oder?

Einer der schlichten Leitsätze Johannes Raus – »Wir sagen, was wir tun, und tun, was wir sagen« – gehört wohl zu den wichtigsten und zugleich am häufigsten missachteten Grundregeln politischen Handelns. Das muss sich wieder ändern – und das wird sich ändern, wenn wir, die Bürgerinnen und Bürger, dies den Parteien unmissverständlich abverlangen.

Der Fall der Andrea Ypsilanti und ihr – Gott sei Dank – gescheiterter Versuch, aus einem gebrochenen Wahlversprechen politischen Machtgewinn zu ziehen, ist in diesem Sinne ein ermutigendes Beispiel. Die Lehre, die die hessischen Wählerinnen und Wähler in diesem Fall der SPD erteilten, ist so alt wie einfach und klar: Du sollst nicht lügen!

Die organisierte Unverantwortlichkeit

Es ist ganz sicher so, dass nur eine verschwindende Minderheit von Bürgern noch in der Lage ist, das Kompetenzgefüge in unserem Land von der EU in Brüssel über den Bund in Berlin und die 16 Länder bis hin zu den Kommunen zu durchschauen. Vermutlich sind nirgends in der zivilisierten Welt – außer vielleicht in unserem Nachbarland Belgien – die politischen und administrativen Verhältnisse komplizierter als bei uns. Entsprechend undurchschaubar ist das Ganze. Wo aber kaum noch jemand genau weiß, wer wofür zuständig ist, da verschwimmen nicht nur die Verantwortlichkeiten, sondern auch das Verantwortungsgefühl. Im Zweifelsfall ist immer der oder die andere dran.

Es ist zum Verzweifeln, wie weit der Prozess inzwischen auf höchster politischer Ebene gediehen ist. Das dramatischste Beispiel dafür ist das, was der Öffentlichkeit als *Föderalismusreform I* dargeboten wurde. Außer einer äußerst geringwertigen Reduzierung der Zahl von Gesetzen, die ausdrücklich der Zustimmung des Bundesrates bedürfen, war das wichtigste Ergebnis dieser Reform, dass die Kompetenz für die Bildungspolitik ausschließlich den Ländern übertragen wurde. In einer Zeit des Übergangs von der Industrie- in die Wissensgesellschaft war das per se ein sehr problematischer Schritt. Wie problematisch, das wurde nur wenige Wochen nach der entsprechenden Verfassungsänderung deutlich: Entgegen der eben erst beschlossenen Kompetenzverteilung sah sich der Bund – unter dem Beifall der allein verantwortlichen Länder – gehalten, eben jenen Ländern zusätzliche Mittel für deren Schulpolitik zuzuwenden.

Was in der Sache angesichts der Lage an den meisten öffentlichen Schulen in Deutschland absolut richtig war – es werden noch sehr viel mehr zusätzliche Mittel für Bildung und Qualifikation nötig sein! –, war verfassungspolitisch eine Zumutung. Der Bundesgesetzgeber sah sich gezwungen, sich eigens finanztechnische Umgehungsmöglichkeiten zu schaffen, um die für die Schulen in den Ländern vorgesehenen Mittel entgegen der neuen grundgesetzlichen Regelung auch tatsächlich den Adressaten zukommen lassen zu können.

Das war ein Berliner Schildbürgerstreich, der zeigt, wie verworren die föderale Welt in Deutschland geworden ist. Aus einer einstigen Stärke unseres Landes – der föderalen Vielfalt – ist inzwischen eine undurchschaubare Struktur geworden, die maßgeblich an der Überbürokratisierung unseres Landes und seiner äußerst schwerfälligen Entscheidungs- und Reaktionsfähigkeit beteiligt ist.

Bezeichnenderweise wurde inzwischen auch die Absicht, mit der *Föderalismusreform II* zu einer Neuordnung der Finanzbeziehungen zwischen Bund und Ländern zu kommen und wenigstens den Einstieg in einen allein sinnvollen Wettbewerbsföderalismus zu wagen, stillschweigend aufgegeben. Zustande gekommen ist lediglich eine »Schuldenbremse«, die erst ab 2020 wirksam werden soll.

Was ist zu tun? – Es gibt drei mögliche Antworten:

- Entweder es kommt, was allerdings kaum noch jemand zu hoffen wagt, eine Länderneugliederung zustande, die zu fünf oder sechs großen deutschen Ländern führt; sie wären annähernd gleich stark und fähig, einen wirklichen föderalen Wettbewerb zu riskieren. Aus einer solchen Vielfalt könnte echte neue Stärke entstehen. Das wäre das Beste für Deutschland.

- Oder aber: Man reduziert die Länder in ihrem heutigen Bestand auf reine Verwaltungseinheiten. Das würde der Tatsache entsprechen, dass mit der EU eine vierte politisch-administrative Ebene ins Spiel gekommen ist, die nicht mehr drei innerdeutsche Kompetenzniveaus rechtfertigt. Das wäre das Ende des Parlamentarismus auf der Länderebene, der allerdings schon jetzt einen erheblichen Bedeutungsverlust (s. Seite 57 f.: »Ministerpräsidenten sind stark«) hingenommen hat und mit der »Schuldenbremse« auch auf seine Haushaltshoheit verzichten würde. Eine kräftige Renaissance der kommunalen Selbstverwaltung wäre die notwendige Konsequenz!

- Oder: Wir orientieren uns am amerikanischen Bundesstaatssystem. Das gibt den Bundesstaaten eigene Kompetenzen, dann allerdings komplett, und beseitigt ein für allemal all die Mischsysteme, die unsere Form des Föderalismus inzwischen undurchschaubar gemacht haben.

Nur so, auf einem dieser drei Wege, geht's. Alles, was dazwischen unternommen wird, verschlimmbessert in der Regel die Lage, bleibt jedenfalls Stückwerk. Die föderale Entscheidungslage auf dem Bildungssektor – auf dem wichtigsten Feld gesellschaftlichen und politi-

schen Handelns – ist dafür ein grausiges Beispiel.

Meinungsbefreiung

Wenn Dinge im Argen liegen, muss man darüber reden. Das gilt erst recht im Blick auf die Zustände in Staat und Politik. Deshalb ist eine selbstbewusste Kultur der freien Meinungsäußerung für unser Land unverzichtbar. Doch offensichtlich besteht hier Handlungsbedarf.

In dem Ordnungsverfahren, dem mich meine Partei unterwarf, hatte ich mich wegen eines Kommentars zu verantworten, den ich als Kolumnist der *Welt am Sonntag* schrieb und der eine Woche vor der hessischen Landtagswahl erschien. Ich kommentierte darin sehr pointiert, sehr kritisch eine Äußerung der hessischen SPD-Spitzenkandidatin Ypsilanti zur Energiepolitik und war mir bewusst, dass dies starker Tobak war. Aber das sollte auch so sein. »Ohne Energie läuft nichts«, sagten wir früher im Ruhrgebiet. Und das will sagen: Energiepolitik ist das Herzstück jeder Wirtschaftspolitik. Sie verlangt einen äußerst umsichtigen Umgang – und das erst recht in einer Zeit, in der niemand sagen kann, wie sicher morgen und übermorgen die

Energieversorgung von Land und Leuten gewährleistet werden kann.

Vielleicht ist es sinnvoll, den inkriminierten Kommentar, der am 20. Januar 2008 unter der Überschrift »Für Ypsilantis Pläne müsste Hessen zahlen« publiziert wurde, noch einmal in Erinnerung zu rufen:

»Es ist naheliegend zu vermuten, dass viele Bürger die derzeit tobenden Landtagswahlkämpfe, von denen der heftigste um Hessen geht, als abstoßend empfinden. Wer vermag noch zu erkennen, was im Ernst auf dem Spiel steht, wenn beinahe täglich persönliche und politische Herabsetzungen die Schlagzeilen beherrschen? Wenn beim Streit um Mindestlöhne oder Jugendkriminalität mal die eine, mal die andere Seite das jeweilige Gegenüber als links- beziehungsweise rechtsradikal zu denunzieren versucht? Wer zweifelte nicht an der Seriosität von Politik, wenn eben dieses wahlkämpferische Dröhnen von denselben Koalitionären verursacht wird, die sich zugleich wechselseitig Regierungsfähigkeit mindestens bis zum Jahr 2009 attestieren? Aber es hilft nichts.

Je lauter das Spektakel, desto notwendiger ist es, genau hinzuschauen und sich nicht vom Ei-

gentlichen ablenken zu lassen. Und so soll das Augenmerk auch hier nicht den beiden vordergründigen Schlachtfeldern der politischen Hitzköpfe gelten. Es gibt durchaus andere, in ihrer Bedeutung mindestens gleichgewichtige Themen. So war vor wenigen Tagen in einem Interview der ›Welt‹ mit der hessischen SPD-Spitzenkandidatin Andrea Ypsilanti zu lesen, dass sie einen ›neuen Energiemix‹ inklusive Windkraft anstrebe, der ›die Atomkraft in Hessen ersetzen‹ soll. Das sei ihr Ziel, für das ›noch Überzeugungsarbeit‹ zu leisten sei. Und wörtlich weiter: ›Denn die Alternative hierzu heißt weiterhin Atomkraft – oder der Bau großer neuer Kohlekraftwerke. Beides wollen wir nicht.‹

Nun, Großkraftwerke jeglicher Herkunft abzulehnen, ist Frau Ypsilantis gutes Recht. Wer es indes wie sie will, der muss sich klar sein: Das geht nur um den Preis der industriellen Substanz Hessens und – weil Frau Ypsilanti vermutlich darüber hinaus denkt – des ganzen Deutschland. Denn an Alternativen zur Atom- und Kohleenergie gibt es jedenfalls ›for the time being‹ zur energetischen Versorgung der Industrie nur Gas – überwiegend aus Russland – oder Atom- und Kohlestrom von jenseits unserer

Grenzen. Und da wächst die Auswahl ja beträchtlich: Es gibt kaum noch ein Mitgliedsland der EU, von Süd bis Nord und West bis Ost, das die zeitliche Nutzung der Atomenergie nicht zumindest ausdehnt – wie die Niederlande – oder sogar neue Atomkraftwerke bereits baut – wie Finnland – oder den Bau neuer Anlagen vorbereitet – wie jetzt Großbritannien.

In einem Zeitungskommentar zu diesem Sinneswandel nahezu all unserer Nachbarn verstieg sich der Verfasser zu meinem Erschrecken zu der Ansicht, es ehre uns Deutsche, dass wir als beinahe einzige Europäer am Atomausstieg festhalten wollten. Kann man das ernsthaft meinen? Ist es Ignoranz, Arroganz oder doch nur schlichte Rechthaberei? Eine Fortsetzung unseres energiepolitischen Alleingangs, Frau Ypsilanti folgend womöglich ausgedehnt auf jegliche Großkraftwerke, bedeutet für unser Land jedenfalls unweigerlich zweierlei: die Erhöhung unserer Abhängigkeit vom Ausland – sodann nicht mehr nur in der Wärme-, sondern auch in der Stromversorgung – und damit das ausrechenbare Risiko weiterer Kostensteigerungen, namentlich für die Industrie. Wer es nicht glauben will, der möge sich rasch bei der Chemie-, Papier-,

Keramik- oder Stahlindustrie, bei den Anlagen- oder den Autobauern über die Folgen für den Standort Deutschland und seine industriellen Arbeitsplätze kundig machen.

Man sieht, in einer Landtagswahl steckt natürlich mehr als politischer Klamauk. Deshalb wäge und wähle genau, wer Verantwortung für das Land zu vergeben hat, wem er sie anvertrauen kann – und wem nicht.«

Ist eine solche Kommentierung selbstverständlicher Ausdruck der freien Meinungsäußerung? Oder ist sie, jedenfalls für Mitglieder einer Partei, doch nicht so selbstverständlich? Ist dieses Grundrecht für Parteimitglieder in Wahlkampfzeiten vielleicht sogar außer Kraft gesetzt?

Die erste Instanz meines Verfahrens, die Bochumer Schiedskommission, war ganz unverstellt dieser Auffassung. Für die »im Wahlkampf geäußerte Kritik« könne ich mich »nicht auf das Recht der freien Meinungsäußerung berufen«, heißt es in der Bochumer Entscheidung, und weiter: »Natürlich kann (und soll) in einer lebendigen Partei über ›richtige‹ Politik, über politische Sachthemen – z. B. die Energiepolitik – diskutiert und um Sachlösungen gestritten werden: Das ist charakteristisch für eine – so wörtlich (!) – ›Noch‹-Volkspartei wie die SPD. Dies alles hat aber in Zeiten eines Wahlkampfes zurückzutreten. In einer solchen Phase ist ... geschlossenes Auftreten der Partei vonnöten und hat sich dieses geschlossene Auftreten an dem Wahlprogramm zu orientieren, das sich die wahlkämpfende Partei gegeben hat. ... Deshalb bestand ... kein zwingender politischer Grund, der SPD-Spitzenkandidatin Andrea Ypsilanti und ihrem Wahlkampfteam und allen ihren Mitwahlkämpferinnen und Wahlkämpfern vor Ort in die Parade zu fahren. Er hätte sich vorübergehend ›zügeln‹ können und schweigen – ganz einfach.«

Um es ganz kurz zu machen: Für eine Partei, die sich – seit Godesberg – ihrer Offenheit für Menschen jeglicher Herkunft rühmt und die Meinungsfreiheit allerorten einfordert, ist das ein starkes Stück: Meinungsfreiheit, Kritik, offener Diskurs – jederzeit, aber bitte nicht zu Wahlkampfzeiten.

Das Bochumer SPD-Recht als gültig unterstellt, möchte ich den Journalisten sehen, der dieser Partei noch angehören könnte! Er oder sie würde ja eingestehen müssen, nur mit eingeschränkter Meinungsfreiheit publizieren zu können. Für die Zei-

tungs- und Radiounternehmen, an denen die SPD immer noch beteiligt ist, wäre das übrigens der denkbar schlechteste Arbeitsausweis!

Land oder Partei?

Die nächste meiner Parteiinstanzen, die Landesschiedskommission in Düsseldorf, ging rechtlich scheinbar sehr viel präziser vor als die Vorinstanz. Aber an der Kernfrage führten ihre juristischen Abhandlungen ebenfalls glatt vorbei. Denn die Kernfrage war und ist, ob einem Parteimitglied verweigert werden kann, seine Meinung jederzeit und unverblümt zu äußern, wenn ein Kandidat oder eine Kandidatin der eigenen Partei sich anschickt, eine Politik gegen die Interessen des eigenen Landes zu betreiben.

Im Verfahren wie in der Öffentlichkeit habe ich diese Frage mehrfach gestellt. Ich habe aus voller Überzeugung argumentiert, wegen der energiewirtschaftlichen und energiepolitischen Lage sei es unverantwortlich, in der für uns überschaubaren Zeit einen Ausstieg aus jeglicher Großkraftwerkstechnologie realisieren zu wollen. Ich habe darauf hingewiesen, dass dies den Industriestandort Deutschland gefährde und dass ich mich als ehedem auf diesem Feld verantwortlicher Ministerpräsident und Bundesminister außerstande sehe, diesen Irrweg durch Schweigen zu goutieren. Dass also in diesem Fall der Versuch der Wahrung der Landesinteressen, den ich für mich in Anspruch nahm, Vorrang vor den Interessen der Partei haben müsse.

Die Landesschiedskommission hielt nicht einmal für notwendig, dies als Rechtfertigungsgrund in den Mund zu nehmen. Die »Abwägung erfolgt unabhängig von den konkreten energiepolitischen Zielen der SPD-Spitzenkandidatin in Hessen und unabhängig von der politischen Bewertung dieser Position und der Gegenposition des Antragsgegners nach Kriterien wie richtig, vernünftig oder verantwortbar«, heißt es in der Entscheidungsbegründung. Punktum. Vielmehr verlange der Grundsatz der Solidarität von Parteimitgliedern, »nach außen« an einer möglichst geschlossenen Haltung und überzeugenden Darstellung der Partei in der Öffentlichkeit »mitzuwirken«, damit die Partei »glaubwürdig« die Zustimmung der Öffentlichkeit erreichen könne. Wie das? Wie soll denn, bitte, die Glaubwürdigkeit einer Wahlaussage festgestellt werden, wenn die entscheidende Stelle sich ausdrücklich weigert, festzustellen, ob eben diese Wahlaussage überhaupt »richtig, vernünftig oder verantwortbar« ist?

Es läuft letztlich – wie es schon die Bochumer Entscheidung antönte – auf ein und dasselbe hinaus: Wahlkampfzeiten werden zu Ausnahmezeiten erklärt, in denen für Parteimitglieder nur eine eingeschränkte Meinungsfreiheit gelte.

Landesinteressen haben Vorrang vor Parteiinteressen. Das ist eine viel zitierte und mindestens ebenso häufig missachtete politische Grundregel. Gravierende Fehlentwicklungen werden eher in Kauf genommen als offene, pointierte Kritik.

Wer nach Gründen für die unübersehbare Abwendung einer zunehmenden Zahl von Bürgerinnen und Bürgern von den Parteien und von der Politik sucht – dieser gehört zu den besonders schwerwiegenden!

Wider die »Einheitsfront«

Mein Ausscheiden aus der SPD habe ich auch damit begründet, »dass die SPD-Parteiführung

... keinen klaren Trennungsstrich zur PDS/Die Linke zieht, sondern sogar – in den Ländern – zu einer Zusammenarbeit mit dieser Partei ermuntert, obgleich deren Stasi-Verstrickung offenkundig ist« (Siehe Wortlaut der Austrittserklärung im Anhang).

Als ich dies niederschrieb, wusste ich noch nicht, dass der in den Parteivorsitz zurückgekehrte Franz Müntefering ausdrücklich dazu aufrufen würde, nicht nur in Ostdeutschland, nicht nur in Hessen, sondern offensichtlich in allen deutschen Landen, demnächst beispielsweise im Saarland, Koalitionen mit Oskar Lafontaines »Linken« einzugehen. Soweit es damit möglich sei, einen Sozialdemokraten ins Amt eines Ministerpräsidenten zu bringen, seien die Vorteile (des Amtes?) größer als die Nachteile eines Zusammengehens mit »den Erben der DDR-Nomenklatura«, wie Wolf Biermann sie nennt.

Dieser Wolf Biermann, den ich wegen seiner Ausdruckskraft wie wegen seiner Tapferkeit und Konsequenz bewundere wie keinen anderen der Künstler unserer Zeit, hatte mich zu meiner völligen Überraschung wenige Tage nach meinem Abschied von der SPD angerufen und mir, ironisch: von Abweichler zu Abweichler, aus seiner Familiengeschichte erzählt: dass sein Großvater ein richtig linientreuer Kommunist war, was aber seinen Sohn, den Vater Dagobert Biermann, in den Dreißigern des vergangenen Jahrhunderts nicht hinderte, wider den stalinistischen Stachel zu löcken und für den gemeinsamen Kampf von Kommunisten und Sozialdemokraten gegen die Nazis einzutreten; das brachte Vater Dagobert seinerzeit zwar den großväterlichen Verweis ein, in seinem Haus »keine konterrevolutionäre Brut« zu dulden, führte aber Wolf, seinen »treuen Sohn«, inzwischen in voller Kenntnis der Realität der Zwangsvereinigung von Kommunisten und Sozialdemokraten in der DDR, zu dem Schluss, »ebendrum nicht für eine Einheitsfront der SPD mit den Erben der DDR-Nomenklatura« zu sein.

Wichtig zu wissen: Jener Vater Dagobert Biermann, »der Abweichler im Jahre 1932, den seine stalinistischen Genossen exkommunizierten, weil er für die Einheitsfront mit den Sozialdemokraten gegen Hitler und Co. war«, starb wie viele seiner Familie in Auschwitz im Gas. Sohn Wolf aber wurde am 7. November 2008 nicht nur mit der Ehrendoktorwürde der Humboldt-Universität zu Berlin geehrt, ihm wurde zugleich, wenn auch mit der kleinen Verspätung von 45 Jahren, das Diplom im Fach Philosophie überreicht. Die oberste Obrigkeit im ZK der SED hatte seinerzeit den Genossen in der Humboldt-Universität verboten, eben dies dem rebellischen, widerständigen Biermann auszuhändigen. »Natürlich sind wir heute alle bewegt, wenn nach fünfundvierzig Jahren ein Student dieser Universität endlich sein Diplom ausgehändigt bekommt«, lese ich beim Universitätspräsidenten Christoph Markschies in »Vier Reden im Audimax der Humboldt-Universität zu Berlin am 7. November 2008«, und: »Wie sollte das auch anders sein, wenn das Märchen einmal wahr wird und die Lumpen einmal nicht triumphieren in dieser Welt, in der sie so oft und so laut triumphieren«.

Besser als aus dieser Biermann'schen Familiengeschichte kann man gar nicht belegen, wie schrecklich falsch der von Müntefering eingeschlagene Weg der Bündnispolitik mit der PDS/Die Linke ist.

Wer könnte nicht verstehen, dass gerade etliche der Gründer der Ost-SPD, die ja aus dem Protest und Widerstand gegen die DDR-Nomenklatura entstand, an diesem Kurs ihrer Partei verzweifeln? Wer soll nach solchen Ermutigungen des Parteivorsitzenden an die Adresse seiner Länderorganisationen eigentlich noch glauben, dass desgleichen auf der Bundesebene ausgeschlossen sei? Die Mehrheit der Wahlbürger tut es jedenfalls, wie Analysen in Hessen zeigten, nicht. Das Problem mangelnder Glaubwürdigkeit hat inzwischen offensichtlich die ganze SPD infiziert. Dabei ist sicher kein böser Wille im Spiel, wohl aber eine gelegentlich atemverschlagende politische Beliebigkeit, die immer dann Platz greift, wenn es um die Macht im Lande geht, die die SPD inzwischen unkalkulierbar zu machen droht.

Aber ist Macht wirklich alles? Rechtfertigt das Streben nach Macht wirklich auch das Zusammengehen mit einer Kaderpartei, die eine Reihe ehemaliger Mitarbeiter der Staatssicherheit der DDR, also Stasi-Spitzel, in ein demokratisches Parlament entsendet?

An dieser Stelle sei auf eine sehr aufschlussreiche Begebenheit aus dem Jahr 1979 hingewiesen. Damals hat sich der Bundesgerichtshof in einer Entscheidung mit einem Parteiausschluss aus der SPD befasst, in dem ein Parteimitglied einen Wahlvorschlag des Kommunistischen Bundes Westdeutschlands unterschrieben hatte. In dieser Entscheidung (BGHZ 75, 158 ff.) heißt es an einer Stelle bemerkenswerterweise:

»... der Verstoß habe der Partei schweren Schaden zugefügt, weil jedes erkennbare Zusammenwirken von Sozialdemokraten mit Kommunisten geeignet sei, der Argumentation der Gegner der Sozialdemokratie Nahrung zu liefern, die die Wähler glauben machen wollen, dass Sozialdemokraten die gleichen oder doch zumindest ähnliche Ziele wie die Kommunisten verfolgten.«

Wie wahr, kann man da nur sagen. Es ist ein schwerer Schaden, den Franz Müntefering seiner Partei zufügt. Und es sind nicht Wenige, die dies ebenso sehen und der SPD den Rücken kehren. Sie wissen:

Es gibt nicht nur die Gier auf Geld, wie uns nur allzu viele Investmentbanker und durchaus auch einige Anleger lehrten. Es gibt auch die Gier auf Macht. Die SPD, die zu Recht stolz ist auf ihre lange, stets am Freiheitsgedanken orientierte Tradition, muss achtgeben, dass sie nicht generell in den fatalen Geruch gerät, ihr sei heute die Macht wichtiger als die Werte, denen sie sich verschworen hat.

Politisches Personalmanagement

Die Situation ist oft genug und in allen Facetten beschrieben worden. Aber geändert hat sich bis heute nichts. Dabei haben wir es mit einer wirklich weitreichenden Veränderung zu tun, und zwar einer Veränderung, die scheinbar ungerührt in die falsche Richtung verläuft.

Ich meine die Veränderung des parlamentarischen Mandats, das eigentlich auf Zeit vergeben wird, damit der oder die Abgeordnete die Interessen der Bürgerinnen und Bürger vertritt. Tatsächlich aber ist das Mandat in der Realität mehr und mehr zu einem scheinbar unbefristeten Hauptberuf geworden, wozu leider auch eine vom Bundesverfassungsgericht geförderte Verrechtlichung beigetragen hat.

Die Konsequenzen liegen auf der Hand: Nicht wenige Abgeordnete auf der Landes- wie auf der Bundesebene können inzwischen auf ganze Berufskarrieren als Parlamentarier zurückblicken. Nicht wenige starten diese Karriere heutzutage direkt von der Hochschule – gelegentlich ohne Abschluss –, ohne je einem bürgerlichen Beruf nachgegangen zu sein. Für viele wäre der Abschied vom »hohen Haus« gleichbedeutend mit einem beruflichen Absturz. Und deshalb kleben sie an ihrem Mandat, koste es an persönlicher oder politischer Substanz, was es wolle.

So kommt es, dass unsere Parlamente heute ganz überwiegend mit »Berufspolitikern« besetzt sind, die in ihrem Dasein als Abgeordnete die Erfüllung ihres beruflichen Lebens sehen und nichts so sehr scheuen wie die Rückkehr ins »bürgerliche Leben«. Sie sind in der Regel – um es diplomatisch auszudrücken – anpassungsbereiter, als sie im Interesse der Menschen, die sie vertreten, sein sollten.

Ärzte, Unternehmer, Wissenschaftler, aber auch Handwerker und handfeste Facharbeiter gehören ganz selten zu dieser Spezies. Und das macht die Eintönigkeit unseres heutigen Parlamentarismus aus: Ihm fehlt die Vielfarbigkeit unseres gesellschaftlichen Lebens. Es schält sich ein Mittelmaß heraus, dem es an Innovationsfähigkeit und Innovationskraft fehlt.

Wie dem beizukommen ist? Ich biete drei Vorschläge zur Besserung an:

Erstens: Wir sollten das einführen, was die Politikergarde der *Grünen* leider abschaffte, als es ihnen selbst ans Leder ihrer Mandate gehen sollte: *die Rotation*.

Kein Mandat, kein Regierungsamt – ob einfacher Abgeordneter, Minister, Ministerpräsident oder Kanzler – sollte von ein- und derselben Person länger als über zwei Legislaturperioden wahrgenommen werden.

Meine Erfahrung und meine Beobachtung haben mich gelehrt, dass in der außerordentlichen Geschäftigkeit des Politikerdaseins mehr als zwei Perioden, also äußerstenfalls zehn Jahre, nicht durchzuhalten sind, ohne an Ideen und an Kraft zu verlieren. Rotation hingegen ist die Chance zur Erneuerung, zur Kräftigung, die Chance auf neue Ideen, kurz: auf Innovation.

Zweitens: Wir sollten die *Kandidatenkür* zu den Parlamenten, insbesondere zum Deutschen Bundestag, reformieren.

Ich finde es schlicht ungehörig, dass die Hälfte unserer Bundestagsabgeordneten, die sogenannten Listen-Abgeordneten, buchstäblich hinter verschlossenen Türen nominiert werden.

Niemand, der nicht Mitglied einer Partei ist, hat irgendeinen Einfluss darauf. Wählt er oder sie eine bestimmte Partei, nimmt er oder sie die von jener Partei aufgestellten Abgeordneten unbesehen gleich mit in Kauf.

Man kann sich die Prozedur der Listenaufstellung einer Partei nicht profan genug vorstellen. Da kommen – wie es bei der SPD geschieht, aber bei den anderen Parteien ist es meines Wissens kaum anders – die Vertreter der Bezirke eines Landesverbandes zusammen. Jeder Bezirk benennt »seine« Kandidaten, die er je nach Mitgliederzahl auf einen aussichtsreichen Listenplatz hieven kann. Dann erfolgt die Abstimmung – nach dem »Strickmuster« eine Frau, ein Mann. Es wirkt, zurückhaltend formuliert, *büro*kratisch statt *demo*kratisch, wenn auf solche Weise politisch-parlamentarische Karrieren eröffnet werden.

Deshalb spricht alles dafür, diese Vorauswahlen aus den Hinterzimmern der Parteiendemokratie herauszuholen und öffentlich vorzunehmen. Zudem sollten die Wählerinnen und Wähler – wie in einigen Ländern bei den Wahlen zu den Landtagen üblich – auch bei Bundestagswahlen die Möglichkeit haben, auf die Listenaufstellung der Parteien zumindest durch kumulieren oder panaschieren Einfluss zu nehmen.

Und drittens: Auch über die *Auswahl der Direktkandidaten* der Parteien sollte vor aller Öffentlichkeit, in öffentlichem Wettbewerb entschieden werden.

Vor allem aber sollten wir das Verhältnis der

direkt gewählten Abgeordneten und der Listenmandate zugunsten der ersteren verändern:

60 oder 70 Prozent der Mitglieder des Bundestages sollten direkt gewählt werden und nur 30 oder höchstens 40 Prozent über die Listen ins Bundesparlament entsandt werden.

Eine solche »kleine Wahlrechtsreform« würde zwei Zielen zugleich dienen: Vermutlich kämen wir auf diese Weise zu klareren Mehrheitsverhältnissen, was in Zeiten mit fünf, sechs oder – wer weiß? – noch mehr Parteien von erheblicher Bedeutung wäre. Und wir hätten mehr Abgeordnete mit einer direkten Anbindung an ihre Wählerschaft.

Transparenz und klare Verhältnisse – sie sind Eckpfeiler der parlamentarischen Demokratie.

Staat in Regulierungswut

Eine erhebliche Gefährdung geht hierzulande von der Vorstellung vom »starken Staat« aus. Denn den übersetzen viele Politiker mit einem Staat, der – statt sich auf das Wesentliche zu konzentrieren – ununterbrochen etwas entscheidet, und zwar natürlich mittels Gesetz oder Verordnung. Also produziert dieser Staat Gesetze und Verordnungen in einem schrecklichen Übermaß.

Wir merken scheinbar gar nicht mehr, wie sehr damit die Selbstverantwortung und Eigeninitiative der Bürgerinnen und Bürger gefährdet, gefesselt und eingeschnürt wird. Denn dieser permanente Gesetzesfluss ist ja schon längst nichts anderes mehr als ein Ausdruck des Misstrauens gegenüber Bürgern, Unternehmern und Wissenschaftlern. Aber das ist handelnden Politikern zumeist gar nicht mehr bewusst.

Ich war ja auch selbst Teil dieser Gesetzesmaschinerie, habe jedoch während meiner gesamten politischen Laufbahn – mit allerdings äußerst bescheidenen Erfolgen – versucht, gegen eine exzessive Bürokratisierung und eine überbordende Gesetzgebung anzugehen. Dass das schwierig ist, hat teils objektive, in Verfassung und Rechtsprechung angesiedelte Gründe – vor allem den vom Bundesverfassungsgericht formulierten Gesetzesvorbehalt, der für jedwedes staatliche Handeln eine gesetzliche Legitimation verlangt. Aber es hat auch mit dem Blickwinkel zu tun, aus dem Politiker und Bürger sich »von oben« und »von unten« betrachten.

Offensichtlich verlernen Parteien und Politiker mehr und mehr das politische Handwerk, das ja in erster Linie darin besteht, Menschen von der je eigenen Überzeugung, von der eigenen Programmatik und den dafür handelnden Personen zu überzeugen. Überzeugungskraft ist es, die den politisch handelnden Menschen ausmacht. Doch es drängt sich mir schon seit längerem der inzwischen sichere Eindruck auf, dass bei uns an die Stelle der Überzeugungsarbeit mehr und mehr die Gesetzesarbeit tritt. Es wird reguliert und verordnet, statt dass Menschen für diese oder jene Überzeugung, für dieses oder jenes Projekt gewonnen würden.

Nur so ist ja wohl auch das Zustandekommen jenes gesetzlichen Rauchverbots für Gaststätten und sonstige öffentliche Einrichtungen und Räume zu verstehen, das zu den wenigen Projekten gerechnet werden darf, das sowohl das Europäische Parlament als auch den Deutschen Bundestag als auch sämtliche Landesparlamente teils mehrfach beschäftigte, ehe es endlich in Kraft trat. Im Grunde war und ist dies eine Lachnummer. Aber das wird die nächsten Regulierungen des Alkoholgenusses oder des fetten Essens kaum verhindern. In einem Ausschuss des Europäischen Parlaments wurde kürzlich allen

Ernstes diskutiert, ob mit Rücksicht auf das Gleichstellungsgebot gesetzlich verboten werden solle, Bilder von Frauen bei der Küchenarbeit in der Werbung zu veröffentlichen ...

Man sieht, diese haarsträubende Entwicklung hat längst auch die Europäische Union – Kommission, Ministerräte und zunehmend auch das Parlament – erfasst. Was hätte den Vizepräsidenten der Kommission, Günter Verheugen, sonst veranlassen sollen, vor der EU als Öko-Diktatur zu warnen? Er hatte seine Warnung kaum ausgesprochen, da schlug seine Kommission bereits wieder zu. Diesmal ging es um das – in der ökologischen Substanz absolut erbarmungswürdige – Verbot von herkömmlichen Glühbirnen, die wir nun, nachdem sowohl der Ministerrat als auch das EU-Parlament zugestimmt haben, durch jene Energiesparlampen ersetzen sollen, die übrigens speziell entsorgt werden müssen, weil sie giftiges Quecksilber enthalten. In einem zu Recht kritischen Beitrag von Silvana Koch-Mehrin (FDP) las ich kürzlich im *Kölner Stadtanzeiger* zu meinem Erschrecken, dass die EU-Kommission derzeit 14 weitere Produktgruppen untersuche, u. a. Computer, Waschmaschinen und Klimaanlagen. Gleichzeitig werde die Öko-Design-Richtlinie überarbeitet. Sie könne auf Duschköpfe, Wasserhähne oder auch Fenster ausgeweitet und mit entsprechenden ökologischen Auflagen ausgerüstet werden. Man braucht gar nicht erst zu fragen, wer all das kontrollieren soll. So gebiert eine Bürokratie ihren Aufwuchs und ewigen Bestand.

Die Antwort auf derartige parlamentarisch-bürokratische Exzesse ist ein einziger, sehr einfacher Grundsatz. Er lautet:

Alles das, was freie Bürger auf rechtsstaatliche Weise aus freien Stücken tun, ist allemal dem vorzuziehen, was »von oben herab« per Richtlinie, Gesetz, Verordnung oder Erlass über sie kommen könnte.

Das macht den Unterschied zwischen einem Bürger- und einem Untertanen-Staat aus. Und es gilt nach meiner Überzeugung generell und auch in sehr konkreten, etwa wirtschaftlichen Zusammenhängen.

Deshalb sollte ja auch grundsätzlich auf gesetzgeberische Eingriffe in die Tariffreiheit der Sozialpartner verzichtet werden. Wir sind damit in Deutschland bis dato glänzend gefahren. Darum sollten wir auch nicht von Gesetzes wegen bei Themen wie dem Mindestlohn eingreifen. Der Vorrang gebührt den Tarifparteien!

Kanzler, Minister, Präsidenten

Es gibt keine politische Position oder Institution im Lande, die in ihrem Kompetenzbereich unabhängiger, unkontrollierter und in diesem Sinne freier schalten und walten kann als der Ministerpräsident eines unserer Bundesländer. Er oder sie ist unter diesem Aspekt sogar ungebundener als ein Bundeskanzler respektive eine Kanzlerin.

Wie das? Ein Kanzler bzw. ein Ministerpräsident entzieht sich am ehesten einer durchgreifenden parlamentarisch-politischen Kontrolle dadurch, dass er oder sie sich außerhalb des eigentlichen Verantwortungsbereichs – also außerhalb der Grenzen des eigenen Staates bzw. des jeweiligen Bundeslandes – bewegt und sich in internationalen bzw. länderübergreifenden Strukturen an Entscheidungen beteiligt.

Wenn die Kanzlerin an Konferenzen der G 8-Staaten oder neuerdings der G 20-Staaten teilnimmt oder – wie sehr oft – am Europäischen Rat, dann sind die dort mit ihrer Stimme gefassten Beschlüsse im Grunde kaum noch veränderbar. Ein Parlament, das sich von diesen Beschlüssen absetzen möchte, riskiert eine Krise der Union bzw. der internationalen Zusammenarbeit. Solche

Krisen hat es zwar gegeben – etwa beim Nein der Franzosen, der Niederländer und der Iren zum Europäischen Vertrag von Nizza –, aber das geschah im Gefolge von Volksabstimmungen und es blieben absolute Ausnahmen. In der Regel wird im Nachhinein nur noch »abgesegnet«, was zuvor in Brüssel oder sonstwo beschlossen wurde. Kritik daran ist nur noch wohlfeil, weil ohne Konsequenz in der Sache.

Landwirtschaft macht Politik

Das hat namentlich auf Europäischer Ebene durchaus und überaus problematische Züge. Man denke einmal an die Landwirtschaftspolitik und den einschlägigen Ministerrat. Der ist ja vom Europäischen Rat der Staats- und Regierungschefs abgeleitet. Man nimmt ihn eigentlich nur wegen seiner berühmt-berüchtigten Nachtsitzungen wahr und kaum wegen dessen, worüber er nächtens entscheidet. Das genau hat es aber in sich. Denn der Agrarministerrat entscheidet über rund 40 Prozent des gesamten Haushalts der Europäischen Union. Das sind Milliarden und Abermilliarden Euro. Aber neben dem Europäischen Parlament, das sich damit in irgendwelchen, öffentlich kaum wahrgenommenen Debatten beschäftigt, nimmt das im parlamentarisch-politischen Raum kaum jemand zur Kenntnis. Im Deutschen Bundestag ist das Thema allenfalls ein randseitiges. Entscheidungen von Belang finden nicht statt. Der jeweilige Agrarminister oder die Agrarministerin berichtet und die europäischen Beschlüsse werden als sakrosankt abgehandelt.

Wer das als verfassungspolitisch inakzeptabel und nach unserer Verfassung als zumindest problematisch empfindet, hat recht.

Europa verdient Öffentlichkeit

Die Praxis der EU-Politik ist übrigens der Grund, weshalb ich für ein Rundfunk- und Fernsehsystem für ganz Europa eintrete.

Wir brauchen eine europäische Öffentlichkeit. Ohne sie wird aus dem heutigen Europa der Regierenden, das es ja – trotz der Wahlen zum Europäischen Parlament – immer noch ganz überwiegend ist, niemals ein Europa der Bürger.

Ohne eine solche europäische Öffentlichkeit

kann jede Regierung, jeder Politiker weiterhin mit seinem jeweiligen nationalen Wahrnehmungsraum spielen. Und das geschieht ja zur Genüge. Auch dafür ist die europäische Landwirtschaftspolitik ein schlimmes Beispiel. Sie ist das Ergebnis einer Politik, die sich ohne öffentlichen Nachdruck den nationalen Egoismen einfach nicht zu entziehen vermag.

Mit diesem Vorschlag ziele ich deshalb auf mindestens ein europäisches Fernseh-Vollprogramm. Nicht auf ein »arte« mal 27, nicht auf eines, das von anderen, nationalen Programmen abgeleitet ist. Sondern auf ein ureigenes, ein wirklich europäisches TV, ein EU-TV, das sowohl umfassend informiert als auch unterhält, und zwar zugleich und gleich und ohne Ausnahme in allen 27 Mitgliedstaaten der EU.

Vermutlich wird ein solches EU-TV nur aus einer Initiative der europäischen öffentlich-rechtlichen Veranstalter entstehen können. Das hat aber ausschließlich wirtschaftliche Gründe. Denn es braucht offensichtlich eine erhebliche Vorleistung, um die Köpfe und Gefühle der europäischen Bürger zu erreichen, um also den Markt zu öffnen.

Eine solche Öffnung des medialen europäi-

schen Marktes, der nach und nach die trimediale Welt von heute (Print, TV, Internet) erfassen wird, ist aus meiner Sicht eine der Grundvoraussetzungen für das Entstehen eines wirklichen Europa der Bürger. Ein EU-TV ist als Öffner dieses Marktes unverzichtbar.

Ministerpräsidenten sind stark

Aber nun zu den wirklich politisch Mächtigen im Lande: zu den Ministerpräsidenten, über deren Möglichkeiten ich bekanntlich aus eigener Erfahrung weiß.

Ähnlich wie die Kanzlerin kann sich ein Ministerpräsident der wirkungsvollen, unmittelbaren Kontrolle »seines« Parlaments durch die Teilnahme und Beschlussfassung im Rahmen der Konferenz der Ministerpräsidenten weitestgehend entziehen. Gleiches geschieht ebenfalls und außerdem permanent im Rahmen der Entscheidungen des Bundesrates, der ja ein Organ des Bundes ist.

Die in diesen Institutionen gefassten Beschlüsse kann das jeweilige Landesparlament zwar im Nachhinein bekritteln, aber ändern kann es sie – außer bei Gefahr, das Verhältnis der

Länder untereinander zu gefährden – kaum noch; im Falle von Bundesratsentscheidungen überhaupt nicht mehr. So kommt es, dass die wichtigsten Entscheidungen einer Landesregierung in der Regel im Rahmen von Konferenzen der Ministerpräsidenten oder der Minister aller Länder fallen – man denke nur an die Medienkonferenzen der Ministerpräsidenten oder an die Kultusministerkonferenzen. Die gesamte Mitwirkung der Länder an der Bundesgesetzgebung kommt so ohne wirkungsvolle Begleitung und Kontrolle der Länderparlamente zustande.

Diese außerordentlich starke Stellung der Ministerpräsidenten hat sich in der letzten Zeit durchaus als hinderlich für notwendige Veränderungen unseres Landes und seiner Strukturen erwiesen.

Die lange Bank der Länder

Ich denke dabei etwa an das System unserer Landesbanken, die nach der Entscheidung der EU gegen die Gewährträgerhaftung der Länder »durch die Bank« kein neues, eigenes Geschäftsmodell haben entwickeln können und die deshalb m. E. privatisiert gehören. Es hat unzweifelhaft auch mit dem Prestigedenken der Länder und ihrer Regierungschefs zu tun, dass sich auf diesem Feld bis dato kaum etwas bewegt. Es scheint, dass lieber weitere, teils drastische Milliardenverluste in Kauf genommen werden, als dass einer der »Landesfürsten« auf »seine« Landesbank verzichtete. Vermutlich allerdings wird der inzwischen bundesweite öffentliche Druck, der sich aus dem globalen Finanzdesaster speist, wenn auch viel zu spät, Änderungen in der angesprochenen Richtung erzwingen.

Föderalismus in der Warteschleife

Das andere, noch viel bedeutungsvollere Beispiel ist die dringend erforderliche Reform unseres föderalen Systems. Ich habe es bereits angesprochen. Dass auf diesem Feld bisher nur eine – missratene – *Föderalismusreform I* zustande kam und eine Reform der Finanzverfassung von Bund und Ländern abermals in weite Ferne gerückt wurde, hat wiederum mit der starken Stellung der Ministerpräsidenten zu tun, von denen nur wenige in der Lage scheinen, ihr Kompetenzgehäuse zu verlassen.

Ohne einstimmige Beschlüsse der Ministerpräsidentenkonferenzen läuft auf diesem Felde nichts. Und Einstimmigkeit ist bei der Vielgestaltigkeit der Länder und ihrer politischen Schattierungen nur in Form von Kompromissen zu erzielen, die sich im Grunde im Kreise des Bisherigen, des Gewohnten bewegen und damit fortschrittsresistent sind.

Dies läuft bei Licht besehen auf eine Selbstfesselung hinaus, die eine wirkliche Föderalismusreform, die der »Konvent für Deutschland« zu Recht als die »Mutter aller Reformen« charakterisiert hat, verhindert. Und dies wiederum macht in Anbetracht der Komplexität der nationalen und europäischen administrativen Zusammenhänge eines der gravierendsten Probleme unseres Landes aus.

Kurt Becks eigener Sender

Und noch ein *drittes Thema*, das die Ministerpräsidenten angeht, gehört in diesem Zusammenhang angesprochen. Ich meine die *öffentlich-rechtlichen Rundfunkanstalten*, die seit Bestehen der Bundesrepublik Ländersache sind.

Das gehört unbestritten zur Kulturhoheit der Länder, was sogar ein Bundeskanzler Konrad Adenauer, der ja einst ein Bundes-ZDF zu installieren versuchte, hat einsehen müssen.

Das Problem ist indes, dass aus den Rundfunkanstalten der Länder so etwas wie Rundfunkanstalten der Regierenden der Länder geworden sind. Das äußert sich in der Regel darin, dass die jeweils Regierenden – der Ministerpräsident oder einer oder mehrere seiner Minister oder Staatssekretäre und Parteifreunde entsprechend dem politischen Proporz – in den Aufsichtsgremien der Rundfunkhäuser das Sagen haben.

Beim ZDF verknäult sich das ganze Machtgebinde der Länder fast unentwirrbar. Es sieht dann in groben Zügen so aus:

Im Verwaltungsrat des ZDF, der den Intendanten beaufsichtigt – insbesondere in Haushaltsfragen –, sitzen unter 14 Mitgliedern fünf Vertreter der Länder, vier leibhaftige Ministerpräsidenten und ein ehemaliger, nämlich der ehemalige bayerische Ministerpräsident Edmund Stoiber. Den Vorsitz dieses in der Lebenswirklichkeit wichtigsten Gremiums des Senders hat der Rheinland-Pfälzer Beck, sein Stellvertreter ist der Hesse Koch.

Im Fernsehrat des ZDF, der die Richtlinien für die Fernsehanstalt erlässt und den Intendanten »in Programmfragen berät«, sitzen 77 Mitglieder. Von denen kommen 16 aus den Bundesländern, drei stellt der Bund, 12 die Parteien und nahezu alle übrigen werden teils von den Ministerpräsidenten der Länder vorgeschlagen oder auf Vorschlag von gesellschaftlich wichtigen Organisationen und Institutionen von den Ministerpräsidenten berufen.

Das bedeutet zu Deutsch: Das ZDF ist in seinen Aufsichts- und Kontrollgremien eine eindeutig von den Ministerpräsidenten der Länder dominierte Rundfunkanstalt. Die Frage ist, ob das vertretbar ist, ob die Länderpolitik, die ja eigentlich der journalistischen Kontrolle auch durch die öffentlich-rechtlichen Rundfunkanstalten unterliegen soll, einen derart beherrschenden Einfluss auf eines der wichtigsten publizistischen Organe unseres Gemeinwesens haben darf. Meine Antwort ist: Nein, das ist verfassungsrechtlich mindestens zweifelhaft, es ist verfassungspolitisch unvertretbar.

Ich habe vor Jahr und Tag versucht, darüber eine Diskussion anzustoßen, und dabei eine besonders herbe Niederlage meiner politischen

Laufbahn erlitten. Als ich seinerzeit als Ministerpräsident des Landes Nordrhein-Westfalen das von meinem Vorgänger übernommene Mandat als Mitglied des ZDF-Verwaltungsrates aus den oben geschilderten Gründen und mit eben dieser Begründung zurückgab, war die Reaktion eine einzige Enttäuschung. Es gab nämlich – außer bei meiner damaligen Kollegin Heide Simonis, die es mir gleichtat – kaum Reaktionen; wir haben nicht einmal eine ernst zu nehmende Nachdenklichkeit auslösen können. Wir beide schieden aus dem Verwaltungsrat aus und andere Länder stiegen ein. Kurt Beck war und blieb völlig ungerührt Vorsitzender des Gremiums, so wie er es seit Jahr und Tag ist und offensichtlich sowohl mit seinem Staatsamt als auch mit seinen nachgerade lobbyistischen Aktivitäten für das ZDF für vereinbar hält.

Das heißt, die Politik ist in den Aufsichtsgremien unserer öffentlich-rechtlichen Rundfunkanstalten so präsent wie eh und je, und zwar auch und gerade die administrative Politik, die eigentlich der uneingeschränkten journalistischen Kontrolle unterliegen sollte.

Es ist bis heute bei diesem ernst zu nehmenden, nicht wegzudiskutierenden Konstruktions-

fehler nicht nur beim ZDF geblieben. Die einschlägig aktiven Ministerpräsidenten haben die Kritik schlicht ausgesessen. Und dass sie darüber nicht zu den Treibern eines Reformprozesses geworden sind, denen sich auch die öffentlich-rechtlichen Rundfunkanstalten unterziehen müssten, liegt auf der Hand.

II. Wirtschaft und Arbeitsmarkt

Globalisierung und Demografie fordern heraus

Globalisierung – das ist, wie wir alle wissen, der Rückbau, der Abbau, die Überwindung von Grenzen, seien sie ideologischer, politischer, wissenschaftlicher oder technologischer Natur.

Globalisierung in diesem Sinne gehört zur Menschheitsgeschichte. Aber noch nie in der Geschichte hat sie sich in solchem Tempo so global, so umfassend vollzogen, dass beinahe kein Flecken auf der Erde davon unberührt geblieben wäre.

Die Welt ist zusammengewachsen. Die Menschen, die Nationen, die Erdteile sind einander so nahe wie nie zuvor. Wirtschaft und Kapital bewegen sich fast grenzenlos, was riesige Chancen eröffnet, aber auch – solange es keine neue, globale Ordnung gibt – gewaltige Probleme auslösen kann: Das globale Finanzdesaster und die ihm folgende weltweite Wirtschaftskrise zeugen davon.

Sie sind zurzeit die schwierigsten Herausforderungen für den Prozess der ökonomischen Globalisierung, von dem bis dato Milliarden von Menschen profitieren. Ihnen haben sich neue Arbeits- und Lebenschancen eröffnet. Die *emerging countries* sind auf dem Wege, zu neuen Kraftzentren zu werden, zu neuen Wirtschaftsmächten: China, Indien, die südostasiatischen Staaten, Brasilien, Mexiko, Russland, Südafrika. Was vor Jahr und Tag ein Jeder für unmöglich gehalten hätte, wird Realität: Diese Länder – oder einige von ihnen – werden nicht nur mit Billigprodukten zu ernsthaften Herausforderern der höchstentwickelten Industrieländer.

Und der Globalisierung der Wirtschafts- und Kapitalmärkte folgen die Arbeitsmärkte. Rund zwei Milliarden Arbeitnehmer, die bis dato faktisch abseits der Weltwirtschaft lebten und arbeiteten, sind Schritt für Schritt in die globale Erwerbswelt eingetreten. Der *War for Talents* findet zunehmend im grenzüberschreitenden, im globalen Maßstab statt. Und es werden diejenigen Standorte auf der Welt im Vorteil sein, die im Wettbewerb um die besten Köpfe erfolgreich sind.

Exkurs: Der Globalisierungsbetrieb Fußball

»Ist der Fußball eine Art Vorreiter der Globalisierung?« wurde unser damaliger Nationaltorhüter Jens Lehmann, seinerzeit noch im Tor beim FC Arsenal in London, in einem Interview der Zeitschrift Cicero (6/2008) gefragt. »Das kann man so sagen«, war seine Antwort. »Es ist wahrscheinlich nicht nur im Fußball so, es gibt auch andere Sportarten, bei denen es ähnlich ist. Beispielsweise die Formel eins. Die ist ein Globalisierungsbetrieb schlechthin. Wahrscheinlich noch ein bisschen krasser als der Fußball. Globalisierung im Fußball bedeutet: Ich habe die Wahl. Ich kann aufhören oder ich kann weiterspielen – irgendwo auf der Welt, ich muss nicht unbedingt nach Deutschland gehen. Aber ich muss mich natürlich immer wieder gegen andere – ausländische – Spieler durchsetzen, wenn ich noch Fußball spielen will ...«

Der Sport als einer der Vorreiter der Globalisierung der Arbeitsmärkte, im *War for Talents*. »Globalisierung«, sagte Jens Lehmann übrigens, »die spürt man in Europa nirgendwo so stark wie in England.« Das sei in Deutschland nicht so. »Da hat man Angst vor Veränderung, vor Globalisierung.«

Fähige Konkurrenz

Die Finanz- und Wirtschaftskrise wird eher noch mehr Ängste – auch in Großbritannien – hervorrufen. Doch die Entwicklung wird nach meiner Überzeugung niemand aufhalten können.

In dem sich mehr und mehr verschärfenden globalen Wettbewerb müssen wir unsere Volkswirtschaft konkurrenzfähig erhalten. Das ist die eine große Herausforderung, in der wir stehen.

Sie wiegt doppelt schwer, weil unser Land mehr als nahezu jede andere Industrienation von einem demografischen Wandel erfasst ist, der uns zwingt, vor allem unsere Sozial- und Bildungssysteme von Grund auf zu erneuern.

Die Wettbewerbsfähigkeit unserer Volkswirtschaft zu erhalten – das wird deshalb nur gelingen, wenn wir unsere gesellschaftlichen Einrichtungen für die demografischen Veränderungen wappnen.

Mein Eindruck allerdings ist, dass weder unsere Politik noch unsere Wirtschaft ausreichend realisiert haben, was dies bedeutet.

Wir haben heute in Deutschland eine Geburtenrate von 1,36 Kindern pro Frau. Das ist eine der niedrigsten Geburtenraten auf der Welt. Nur Japaner oder Italiener sind ähnlich schwach.

Zugleich haben wir eine der weltweit höchsten Lebenserwartungen: Sie liegt derzeit um die 80 Jahre und Frauen sind da ein bisschen besser dran als die Männer. Jährlich steigt die Lebenserwartung in Deutschland um ein Vierteljahr. Das heißt, meine Enkel können deutlich über 90 Jahre alt werden.

Zum Vergleich: Die Arbeitnehmer der Generation meiner Eltern (Jahrgang 1902) hatten noch eine Lebenserwartung, die um vier Monate über dem gesetzlichen Renteneintrittsalter von 65 Jahren lag. Aber diese Elterngeneration war es, für die die Sozialsysteme entwickelt und aufgebaut wurden, in denen wir uns prinzipiell heute noch bewegen.

Diese Fakten schreien geradezu nach Reformen unserer Sozialsysteme, und zwar nach weitreichenden Reformen.

Exkurs: Das Jahrhundert der Alterung

Es ist interessant, daran zu erinnern, dass der *Club of Rome* in seinem Bericht über »Die Grenzen des Wachstums« im Jahr 1972 mit weltweitem Echo vor den Risiken eines ungebremsten Bevölkerungswachstums gewarnt hat. Heute können wir feststellen: Die Annahmen, auf denen diese Warnung beruhte, führen jedenfalls nicht mehr sehr weit.

Denn das Bevölkerungswachstum hat sich in der Zwischenzeit im weltweiten Maßstab spürbar verlangsamt. In den 50er-Jahren des vergangenen Jahrhunderts wuchs die Weltbevölkerung jährlich noch um 1,8 Prozent. Heute liegt diese Steigerungsrate noch bei 1,15 Prozent und sie geht weiter zurück.

Diese Entwicklung ist natürlich auf den Rückgang der Geburtenraten zurückzuführen, ein Prozess, der allerdings in den einzelnen Weltregionen sehr unterschiedlich verläuft. Im Mittleren Osten oder in Afrika nimmt die Bevölkerungszahl noch erheblich zu – sie wird sich bis 2050 noch nahezu verdoppeln. In den meisten anderen Regionen auf der Welt hingegen verlangsamt sich das Bevölkerungswachstum deutlich. In Europa wie in Südkorea oder Japan oder (vor allem aufgrund der Ein-Kind-Politik) in der Volksrepublik China (ab etwa 2015) gehen die Bevölkerungszahlen teils deutlich zurück.

Vor gut 50 Jahren brachte eine Frau durchschnittlich fünf Kinder zur Welt. Diese Zahl ist heute noch etwa halb so hoch. Und Experten erwarten einen weiteren Rückgang auf 2,05 Kinder im Jahr 2050. Ab etwa diesem Niveau setzt dann voraussichtlich eine Stagnation, wenn nicht ein Rückgang der Zahl der Weltbevölkerung ein.

Zugleich nimmt fast überall die Lebenserwartung zu. Im Durchschnitt beider Geschlechter ist sie rund um die Welt von 46 Jahren im Jahr 1950 auf heute bereits 65 Jahre angestiegen.

Es spricht deshalb alles dafür, dass das 21. Jahrhundert als das »Jahrhundert der Bevölkerungsalterung« in die Menschheitsgeschichte eingehen wird, nachdem das 20. Jahrhundert noch als das der »Bevölkerungsexplosion« galt, weil sich seinerzeit die Weltbevölkerung innerhalb von nur 100 Jahren vervierfacht hatte.

Man kann dieses Faktum eines frappierenden Wandels innerhalb kurzer Zeit durchaus auch als mahnenden Hinweis verstehen: Bestimmte Entwicklungen in der Menschheitsgeschichte – wie seinerzeit das Thema Bevölkerungsexplosion und derzeit das Thema Erderwärmung – sollten nicht verabsolutiert oder über andere gestellt werden, sondern man begegne ihnen je »auf Sicht« und vor allem mit einer pragmatischen Herangehensweise.

Wandel verlangt Erneuerung

Noch einmal kurz und knapp gesagt: Wir werden immer weniger (aufgrund der niedrigen Geburtenraten) und die Wenigen werden immer älter.

Das Letztere ist schön, denn es zeugt vom außerordentlichen Anstieg der Lebensqualität in unserem Land und von hoher medizinischer Kunst. Aber die Gesamtentwicklung schafft natürlich auch Probleme.

Sie gelten erstens dem potenziellen Wirtschaftswachstum, das natürlich von einem Absinken der Zahl der Bürger im erwerbsfähigen Alter tangiert ist. Ohne Änderungen der Politik würde sich bei gegenwärtigem Stand das Potenzialwachstum der Wirtschaft der Europäischen Union von bis dato 2,5 Prozent über die Zeitphase von 2031 bis 2050 auf etwa 1 Prozent verringern.

Zugleich birgt der demografische Wandel natürlich erhebliche Risiken für die sozialen Sicherungssysteme, für die Pensions-, die Gesundheits- und die Pflegesysteme. Namentlich die Pensionssysteme in ganz Europa kämen ohne nachhaltige Reformen unter erheblichen Druck, wenn ab dem Jahr 2050 in der EU noch zwei Erwerbstätige auf einen Pensionär kommen sollten.

Und drittens würde der Wandel ohne nachhaltige Reformen zu sehr ernsthaften Veränderungen im Verhältnis der Generationen untereinander führen. Denn höhere Ausgaben für die älteren Generationen (Pensionen, Gesundheit und Pflege) haben zwangsläufig mindere Ausgaben für produktive Investitionen zur Folge – nicht zuletzt für Bildung und Qualifikation, für Wissenschaft und Forschung. Dies aber würde das Problem eines sich abschwächenden Wirtschaftswachstums zusätzlich verschärfen.

Was zu tun ist? Ich nenne die wichtigsten aus einem Strauß notwendiger Maßnahmen:

Erstens muss die *Staatsverschuldung*, die zwischenzeitlich aufgrund der notwendigen, hoffentlich in die Zukunft wirkenden Maßnahmen gegen die weltweite Rezession dramatisch weiter ansteigen wird, so bald als möglich – d. h. mit Einsetzen der nächsten Aufschwungphase – wieder abgesenkt werden. *Der Staat braucht Manövrierspielräume, um auf die durch den demografischen Wandel verursachten Entwicklungen reagieren zu können*: Wir müssen lernen, im Rückgang der Bevölkerungszahlen, im Rückbau von Städten und Gemeinden unsere Produktivität zu steigern.

Es muß zweitens gelingen, die *Zahl der Erwerbstätigen und die Produktivität* zu steigern, also vor allem die Arbeitslosigkeit, namentlich die Jugendarbeitslosigkeit abzusenken und zugleich die Beschäftigungsraten von Frauen und älteren Arbeitnehmern signifikant zu erhöhen. *Das setzt in Wirtschaft und Gesellschaft einen Mentalitätswandel voraus, der die mit der allgemeinen Lebenserwartung und Lebensqualität angestiegenen und weiter ansteigenden produktiven Einsatzmöglichkeiten und den Einsatzwillen der Älteren nicht nur zur Kenntnis nimmt, sondern auch nutzt.*

Alternde Gesellschaften sind nicht nur aus sozialen Gründen, sondern auch im allgemeinen Interesse gehalten zu verhindern, dass Talente entweder gar nicht – wie heute noch vieltausendfach in Gestalt der Jugendarbeitslosigkeit – oder vorzeitig nicht mehr genutzt werden.

Deshalb geht es drittens um die *Erneuerung der Erziehungs-, Bildungs- und Qualifikationssysteme*, namentlich im Blick auf die in Deutschland im internationalen Vergleich feststellbare Rückständigkeit in der Weiterbildung und im »lebenslangen Lernen«. *Benötigt werden nicht nur, aber auch mehr Investionen in Kinderkrippen und Kindergärten, in Schulen und Hochschulen sowie in Wissenschaft und Forschung.* Das Ziel, das sich die große Koalition in Berlin – wie vordem auch die rot-grüne – gesetzt hat, nämlich die Ausgaben für Wissenschaft und Forschung bis zum Jahr 2010 auf drei Prozent des Bruttosozialprodukts zu erhöhen, ist zum einen noch längst nicht erreicht – die Wirtschaft, die im Schnitt zwei Drittel dieser Ausgaben erreichen sollte, schwächelt da erheblich – und zum anderen ist dieses Ziel durchaus bescheiden. Erfolgreiche Wissenschaftsnationen wie die skandinavischen erreichen etwa vier Prozent ihres BSP!

Der vierte Aspekt gilt den *sozialen Sicherungssystemen*, die demografiefest gemacht werden müssen. Dabei haben die meisten Mitgliedstaaten der EU, namentlich wir in Deutschland, inzwischen Reformen der obligatorischen Pensionssysteme vorgenommen, die jeweils zum Ziel haben, entweder die Beitragseinnahmen der Systeme zu erhöhen oder die Pensionsansprüche zu verkürzen, etwa durch eine Erhöhung des Renteneintrittsalters, durch Restriktionen gegen den vorgezogenen Ruhestand, durch Veränderungen in der Indexierung der Pensionsansprüche oder durch den Aufbau von betrieblichen und privaten »Finanzierungssäulen« neben der Steuer- oder der Beitragsfinanzierung.

Vor weiteren Abstrichen an diesen Reformen in Deutschland – nach dem Muster der von der großen Koalition schlicht für zwei Jahre außer Kraft gesetzten Rentenformel – sei eindringlich gewarnt. Jeder muss wissen: Wir brauchen nicht weniger Rentenreform, sondern tatsächlich mehr als bisher beschlossen, wenn wir den nächsten Generationen der Beitragszahler nicht unlösbare Probleme hinterlassen wollen. Wer könnte das verantworten?

Mit ähnlichem Nachdruck müssen jetzt – so sieht es auch die EU-Kommission – Reformen der Gesundheitssysteme angegangen werden. Denn ohne erhebliche Veränderungen würden die Gesundheitskosten in den meisten Mitgliedstaaten – so auch in Deutschland – bis 2050 aufgrund der demografischen Entwicklung um ein bis zwei Prozent des Bruttosozialprodukts anwachsen.

Bekanntlich hatten wir in der rot-grünen Regierung unter der Führung Gerhard Schröders – wenn auch spät – den Mut, mit offenem Visier Reformen in der Sozial- und namentlich in der Arbeitsmarktpolitik anzugehen und auch zu realisieren, und zwar ungeachtet des uns seinerzeit sehr wohl bewussten Risikos der eigenen Abwahl. Aber statt auf diesem Reformkurs weiter voranzugehen, ist die große Koalition davon nicht lange nach ihrem Amtsantritt – unter dem vermeintlichen Druck der Lafontaine'schen »Linken«, in Wahrheit aber ohne jede Not – abgewichen. Das geschah durch diverse »soziale« Leistungsversprechen, namentlich durch die wieder verlängerte Bezugsdauer des Arbeitslosengeldes und durch die Quasi-Verstaatlichung des Gesundheitssektors. In der Zukunft wird sich dies in weiter erhöhten staatlichen Zuzahlungen zu den Sozialsystemen niederschlagen – statt in notwendigen Investitionen in die Zukunft unseres Landes.

Wo es um adäquate Antworten auf die demografische Herausforderung geht, spielt – fünftens – die *Migration* eine besondere Rolle. Sie hat sich derzeit zur dynamischsten Quelle des Bevölkerungswachstums auf unserem Kontinent entwickelt. Die Projektionen der EU rechnen in der Zeitperiode bis 2050 mit einem Zuwanderungsgewinn in einer Größenordnung von 40 bis 50 Millionen Bürgerinnen und Bürgern. Um keine falschen Vorstellungen aufkommen zu lassen: eine Migrationen dieses Ausmaßes würde den Prozess des demografischen Wandels keineswegs aufhalten oder gar umkehren, sondern allenfalls entspannen können – zumal es eine Erfahrungstatsache ist, dass sich Immigranten in der Regel relativ rasch den Lebensgewohnheiten ihrer neuen Umgebung annähern, auch in der Zahl der Kinder, die sie zur Welt bringen. Auf längere Sicht wird deshalb auch die Zuwanderung kaum Grundsätzliches am generellen Trend der Alterung der europäischen Gesellschaften und der abnehmenden Erwerbsbevölkerung ändern, es sei denn wir bringen erneut den Mut zu grundlegenden Reformen, etwa zu einer generellen Öffnung der Lebensarbeitszeit auf.

Ein sechster Aspekt darf nicht übersehen werden. Er ergibt sich zugleich aus dem anderen Mega-Trend, der Globalisierung, und er bedeutet, dass wir uns offenen Auges dem »*War for Talents*« stellen müssen.

Viele Mitgliedstaaten der EU – wie auch wir in Deutschland – brauchen auch deshalb eine neue Zuwanderungspolitik, weil sie der Wirtschaft die Chance gibt, im weltweiten Wettbewerb um die besten Experten auf die Dauer mit den anderen Weltregionen mithalten zu können. Denn nicht nur wir in Deutschland beklagen ja – selbst in ökonomischen Krisenzeiten wie derzeit – einen Mangel an Experten, an Fach- und Führungskräften. Desgleichen beklagen beispielsweise die Chinesen, um nur dieses eine, vielleicht überraschende, aber richtige Beispiel zu nennen. Dabei sind im »Headhunting« die Englisch-sprachigen Regionen schon traditionell anderen – wie Deutschland – um einige Längen voraus. Deshalb müssen wir aus unserer Abwehrhaltung gegenüber den globalen Entwicklungen, auf die uns schon der Torhüter Jens Lehmann aufmerksam machte, dringend herausfinden.

Das Exportland Deutschland muss sich öffnen für Arbeitnehmer aus den jungen EU-Mitgliedstaaten vom Baltikum bis Bulgarien oder Malta und generell für Fach- und Führungskräfte aus aller Welt – und das heute und nicht erst ab 2011 oder noch später. Wir müssen um sie werben statt, wie im bisherigen Zuwanderungsrecht, immer noch hohe Hürden gegen sie bereit zu halten. Keines der wichtigen Industrieländer dieser Welt schottet sich so sehr gegen externes Wissen und Können ab wie wir.

Für eine Abschottung gibt es auch in einer wirtschaftlichen Schwächephase keine Argumente, es sei denn emotionale. So zeigen beispielsweise Untersuchungen der in der Schweiz praktizierten Personenfreizügigkeit mit einer erheblichen Zahl qualifizierter Arbeitskräfte vor allem aus Deutschland, Frankreich und Italien, dass der beschleunigte Zustrom Hochqualifizierter, wie er dort seit gut zehn Jahren stattfindet, einen Produktivitätsschub und wichtige Wachstumseffekte ausgelöst hat. Es stellt sich heraus, dass die Zuwanderung nicht etwa einen

Verdrängungseffekt hat, sondern die Defizite des Arbeitsmarktes – den Mangel an Fach- und Führungskräften, Ingenieuren, Ärzten etc. – deckt.

Unternehmen Talent-Management

Um es kurz und knapp zu sagen: *Talent-Management muss unter den Vorzeichen von Globalisierung und demografischem Wandel zur Grundausstattung von Administrationen aller Ebenen wie von Unternehmen aller Größenordnungen gehören.*

Ja, nicht nur die Politik, nicht nur öffentliche Einrichtungen, sondern auch Unternehmen müssen sich selbstverständlich in ihrer Personalplanung auf den demografischen Wandel einstellen. Das ist ebenso in ihrem ureigenen Interesse wie in dem des Ganzen.

Das will sagen: Unternehmen sollten der Personalpolitik künftig einen allerersten Rang geben. Auch wenn es in Zeiten der Finanzmarktkrise und der Kreditknappheit überhöht klingen sollte: Für die Zukunft von Unternehmen wird eine vorausschauende Personalpolitik nicht weniger wichtig sein als beispielsweise die Kapitalbeschaffung.

Aus diesem Grunde sehe ich durchaus kritisch, dass europäische Unternehmen in der Regel eine Stellenplanung betreiben, die kaum je über 18 Monate hinausreicht. Dies ergaben die jährlichen Umfragen unseres in London beheimateten Adecco-Institutes bei über 4000 Betrieben jeglicher Gattung und Größe in verschiedenen Mitgliedstaaten. Dass die meisten der von uns befragten Unternehmen den demografischen Wandel – nach der Globalisierung und neben der technologischen Entwicklung – zwar als gewichtigste ihrer künftigen Herausforderungen wahrnehmen, ist durchaus positiv. Aber es ist immer noch eine unternehmerische Minderheit, die dabei ist, sich darauf angemessen einzustellen mit einem Gesundheits-, Wissens- und Karrieremanagement, mit der Förderung lebenslangen Lernens und einem Personalmanagement, das der internen Altersvielfalt Rechnung trägt. Das muss sich weiter ändern!

Mit Wirtschaft Staat machen

Ich bin überzeugt: *Im Zeichen von Globalisierung und demografischem Wandel, im sich ständig verschärfenden weltweiten Wettbewerb und erst recht im Zeichen der Krise bedarf es auch in unserem Land anderer Formen der Zusammenarbeit zwischen Staat und Wirtschaft.* Es geht darum, vor allem das spezifisch deutsche Denken in Kompetenzen und Zuständigkeiten zugunsten vernetzten Denkens zu überwinden.

In der Wirtschaft ist das selbstverständlich. Zwischen unseren öffentlichen und privaten Händen allerdings nicht. Ganz anders etwa als in Großbritannien, wo rund 14 Prozent der öffentlichen Investitionen in Form von *Public-Private-Partnerships (PPP)* abgewickelt werden. In Deutschland erreichen wir gerade einmal vier Prozent.

Ein ganz besonderes, bei uns mit einigen negativen Beispielen besetztes Feld ist die *Zusammenarbeit zwischen Staat und Wirtschaft bei technologischen Innovationen*, insbesondere solchen auf dem Gebiet der Informationstechnologien. Die Lkw-Maut, die Hartz-IV-Software, die Gesundheitskarte oder die Jobcard gehören hierher, aber auch die europäische Airbus-Zusammenarbeit und nicht zuletzt unser gescheiterter Transrapid. Bei all diesen aus meiner Sicht überragend wichtigen Zukunftsprojekten hat es Probleme gegeben: im Fall Transrapid ein völliges Fiasko, bei den anderen gravierende und teils langwierige, auch sehr teure Verzögerungen.

Die Gründe sind aus meiner Sicht, wie »Der Spiegel« diesmal zu Recht schrieb, dass die Projekte durchweg schlecht gemanagt wurden, weil auf Seiten des Staates zu viele mitredeten – vor allem solche mit anderen als ergebnisorientierten Motiven – und weil auf Seiten der Industrie zu viele zu lange bereit waren, um eines Geschäftsabschlusses oder des Prestiges willen selbst unsinnigen staatlichen Vorgaben und Auflagen zu folgen. Auch versäumte man es dort, rechtzeitig für realistische, transparente Finanzstrukturen zu sorgen.

Hier gilt es, für die Zukunft neue Managementstrukturen vorzusehen – etwa derart, dass namentlich industrielle, technologische Großprojekte im Auftrag von Staat und Wirtschaft von ***einem*** *Generalunternehmen gemanagt werden müssen statt von allen öffentlichen und privaten*

Händen zugleich. Das kann nämlich, wie geschehen, nur schiefgehen!

Arbeit für den Arbeitsmarkt

Die Jahre zwischen 2002 und 2005 waren politisch geprägt von den weitreichendsten Reformen der Sozialsysteme und des Arbeitsmarktes seit den Nachkriegsjahren. Wir vollzogen den Wechsel von einer passiven, fürsorgenden Sozial- und Arbeitsmarktpolitik hin zu einer aktivierenden. Und wir begleiteten dies mit der Deregulierung von selbstständiger Tätigkeit, Zeitarbeit und Mini-Jobs. Dies hat – gewissermaßen flankiert von einer hervorragenden Weltkonjunktur und insbesondere einer verantwortungsvoll zurückhaltenden Lohnpolitik – dazu geführt, dass die Arbeitslosigkeit bis Oktober 2008 um rund zwei Millionen zurückging. Die Beschäftigung überschritt zum ersten Mal in der Geschichte Deutschlands die 40-Millionen-Grenze und die sogenannte Sockelarbeitslosigkeit konnte erstmals seit über drei Jahrzehnten abgesenkt werden. Seither war es in keinem Wirtschaftsaufschwung mehr gelungen, die Arbeitslosigkeit unter das Niveau der vorherigen konjunkturellen Erholung zu drücken. Jetzt gelang es!

Es kennzeichnet unsere öffentliche Diskussionslage, dass diese eigentlich unübersehbaren Fortschritte in der allgemeinen Wahrnehmung nur eine untergeordnete Rolle spielten. Stattdessen ging es in Parlamentsdebatten und TV-Talkshows fast unentwegt um eine – angeblich aufgrund unserer Sozial- und Arbeitsmarktreformen – vermeintlich gewachsene Einkommensungleichheit und Lohnspreizung. Dies begann sich erst zu beruhigen, als ein DIW-Bericht nachwies, was eigentlich selbstverständlich war, dass nämlich die deutlich niedrigere Arbeitslosigkeit maßgeblich zu einem geringeren Armutsrisiko beigetragen hatte. Diese Abnahme der Ungleichheit konnte sich natürlich erst in den Daten seit 2005 widerspiegeln. Nachgewiesen wurde sie seit dem Jahre 2007, während sich die stets gegenwärtigen Kritikaster auf die Zeit bis 2005, vor Inkrafttreten etlicher der Reformen (!) bezogen hatten.

Hilmar Schneider und Werner Eichhorst schreiben zu diesem Phänomen und zu den von Betroffenen »gefühlten« Verletzungen des Gerechtigkeitsgedankens in einer Studie, die das *Forschungsinstitut zur Zukunft der Arbeit* (IZA) im Auftrag der *Initiative Neue Soziale Marktwirtschaft* durchführte, wörtlich:

»Die Politik hat es an dieser Stelle versäumt, den Betroffenen deutlich zu machen, dass die Referenz für soziale Gerechtigkeit nicht in einem sozialen Sicherungssystem bestehen kann, das mittel- und langfristig nicht überlebensfähig ist. Stattdessen hat sie sich von den Widerständen gegenüber der Aktivierungsstrategie einschüchtern lassen und tendiert dazu, Schritte zur Dynamisierung des Arbeitsmarktes wieder zurückzunehmen«.

Dem Wort für Wort zuzustimmen, heißt zugleich die Frage aufzuwerfen, was angesichts der globalen Wirtschaftskrise, mit der wir jetzt konfrontiert sind, direkt am Arbeitsmarkt zu tun ist. Hier sind drei Handlungsmöglichkeiten:

Erstens: Wir sollten alles tun, um die Spirale der Arbeitslosigkeit in der Krise nicht wieder hochschnellen zu lassen. Das geht nur mit *Qualifizierungsbemühungen*, die die überwiegend gering qualifizierten Arbeitnehmer, die ja auch zuerst von den Unternehmen freigesetzt werden, nicht wieder mehr oder weniger direkt in die Arbeitslosigkeit, sondern in eine Nachfrage-orientierte Qualifikation schicken.

Ermutigend könnte in dieser Hinsicht ein Kölner Beispiel sein, das rund 250 von der Firma Ford freigesetzte Zeitarbeitnehmer betraf. Aufgrund einer Vereinbarung zwischen der Kölner Arbeitsagentur, dem Zeitarbeitsunternehmen Adecco und den beteiligten Gewerkschaften sollen sie auf der Basis von Kurzarbeitergeld, Mitteln der Bildungsförderung und Sozialbeiträgen, die hier das Zeitarbeitsunternehmen übernahm, bei eben diesem unbefristet weiterbeschäftigt sein und, soweit sie momentan nicht wieder vermittelt werden können, an Qualifizierungsmaßnahmen teilnehmen.

Das ist zwar noch ein Einzelfall, ein Beispiel und noch kein Modell. So dürfte es für die Zeitarbeitsbranche wie auch für andere Branchen und Unternehmen nicht verkraftbar sein, über unbefristete Zeit die Sozialversicherungskosten für in Krisenzeiten kaum vermittelbare, weil geringqualifizierte Mitarbeiter zu tragen. Aber der Fall Köln gibt eine Richtung an. Und die Bundesregierung hat sich ja inzwischen auch richtigerweise nicht nur für die Verlängerung des Kurzarbeitergeldes und die Förderung von Qualifizierungsmaßnahmen entschieden, sondern auch für die Übernahme eines Teils und in bestimmten Fällen der gesamten Sozialkosten.

Meine Vorstellung ist, dass Zeitarbeitsunternehmen generell in eine veränderte, eine für den Arbeitsmarkt insgesamt wichtige Rolle hineinwachsen könnten. Sie könnten und sollten zu Medien, zu Orten einer am Markt, an der unternehmerischen Nachfrage orientierten Qualifikation werden.

Auf diese Weise würde die Branche nicht nur – wie heute noch – im wirtschaftlichen Aufschwung, sondern auch im Abschwung zu einem wichtigen Element für den Arbeitsmarkt, der entgegen einem allgemeinen Eindruck stets in Bewegung ist.

Es ist klar, dass die Zeitarbeitsbranche daran auch mit eigenen Beiträgen mitwirken müsste. Denkbar wäre beispielsweise eine Orientierung an dem Weiterbildungsfonds, den die französischen Zeitarbeitsunternehmen finanzieren.

Zweitens: Die Erklärung deutscher DAX-Unternehmen, in der Krise, wenn irgend möglich, von betriebsbedingten Kündigungen abzusehen, empfinde ich in dieser Hinsicht auch nicht etwa als Wortgeklingel. *Es ist vielmehr richtig und wichtig, einem sich mit Sicherheit wieder verschärfenden Fachkräftemangel durch eine – gegebenenfalls von den Arbeitsagenturen ganz oder teilweise zu fördernde – Weiterbildung vorzubeugen.* Gerade in schwieriger Lage braucht man gute Beispiele und gemeinsame Zielsetzungen, *best practices* und Visionen. Das ist sinnvolle *Public-Private-Partnership*! Es sollte alles getan werden von der Wirtschaft, notfalls mit staatlicher Unterstützung, um vor allem unsere qualifizierten Arbeitnehmer in Arbeit und Brot zu halten. Das ist unternehmerische und arbeitsmarktpolitische Prophylaxe!

Drittens: Dazu sollte auch gehören, dass die *Sozialversicherungsbeiträge* nicht etwa erhöht, sondern abgesenkt werden müssen. Eine Anhebung der Lohnnebenkosten, da kann kein Zweifel sein, wäre erst recht in der Krise ein verhängnisvolles Signal. Angesichts dessen war die Einführung des Gesundheitsfonds und des damit für das Gros der Versicherten verbundenen Beitragserhöhung natürlich ein eklatanter, kaum erklärbarer politischer, arbeitsmarktpolitischer Fehler. Die Bundesregierung hat ihn in ihrem

Konjunkturpaket numero zwei zumindest teilweise – per Steuerfinanzierung – korrigiert. Damit hat sie allerdings gleichzeitig die Sinnhaftigkeit des neuen Finanzausgleichs in der Krankenversicherung insgesamt wieder in Frage gestellt.

Schneider und Eichhorst haben auch darin recht: *»Die Reform der Arbeitslosenversicherung hat gezeigt, welches gewaltige Einsparpotenzial durch ein effizientes Anreizsystem mobilisiert werden kann. Was bei der Arbeitslosenversicherung möglich war, kann für die gesetzliche Krankenversicherung nicht für ausgeschlossen erklärt werden.«*

Das Recht zum Dienst

Von der Notwendigkeit einer echten Föderalismusreform war schon die Rede. Sie ist die »Mutter aller notwendigen Reformen« auf dem öffentlichen Sektor. Viele Einzelschritte müssen hinzukommen, um die unübersehbare Überbürokratisierung unseres Landes zurückzufahren. Der Hang zur Überregulierung, die inzwischen freiheitsgefährdend geworden ist, wurde bereits erwähnt, wie auch der wünschenswerte Vorrang für die freie Vereinbarung. Ebenso ein neues Verhältnis von Staat und Wirtschaft in Form von *Public-Private-Partnerships*. Die Entbeamtung des Bildungs- und Wissenschaftsbereichs haben wir – wie viele andere zuvor – auch im *Frankfurter Zukunftsrat* thematisiert; Deutschland ist das letzte Land in Europa mit Lebenszeit-Beamten in Schulen und Hochschulen. Die Bundesländer sollten wir drängen, sich an den Rückbau ihrer viel zu vielen Sonderbehörden zugunsten der guten, alten preußischen Bündelungsbehörde, genannt Regierungspräsidium, zu machen. Die Mutter aller notwendigen Reformen des öffentlichen Dienstes betrifft allerdings das Dienstrecht.

In Nordrhein-Westfalen hatten wir im Frühjahr 2001 eine 23-köpfige Expertenkommission unter dem Vorsitz von Professor Hans Peter Bull mit dem Auftrag eingesetzt, Reformvorschläge für den öffentlichen Dienst zu erarbeiten. Die Ergebnisse, die die Fachleute aus Wissenschaft, Verwaltung und Wirtschaft zu Anfang des Jahres 2003 vorlegten, waren sehr klar und nicht nur aus meiner Sicht überzeugend.

Nach den Vorstellungen der Kommission brauchen wir ein völlig neues Dienstrecht, das für bisherige Beamte, Angestellte und Arbeiter gleichermaßen gilt, das also ohne den Beamtenstatus auskommt und an das allgemeine Arbeitsrecht angeglichen wird. Besondere Rechte – etwa ein verstärkter Kündigungsschutz – oder auch Loyalitätspflichten – wie ein Streikverbot – sollen nur noch für bestimmte Gruppen in Kernbereichen des öffentlichen Dienstes gelten, nämlich für die Justiz, die Polizei, die Bundeswehr und die Finanzverwaltung.

Die Bezahlung soll sich nach den Vorstellungen der Bull-Kommission aus einer festen Basis-Vergütung und einer leistungsabhängigen variablen Komponente zusammensetzen. Der Anteil der leistungsabhängigen Vergütung am Gesamteinkommen soll mit der Bedeutung der Aufgabe wachsen. Leistungsunwillige Beamte sollen »berechtigterweise echte Nachteile hinnehmen müssen«.

Für die Kommission gehe es darum, Qualität und Effizienz des öffentlichen Dienstes zu steigern. Mehr Effizienz könne auch Freiräume für Kosteneinsparungen schaffen, so Professor Bull. Die Reformvorschläge seien umfassend und beschränkten sich deshalb auch nicht auf die Streichung einiger Vorschriften, sondern forderten die Erarbeitung eines neuen, in sich stimmigen Systems. Dazu sei allerdings eine Grundgesetzänderung nötig.

Bisher schreibt nämlich Artikel 33 unseres Grundgesetzes vor, das Recht des öffentlichen Dienstes »unter Berücksichtigung der hergebrachten Grundsätze des Berufsbeamtentums« zu regeln. Der Kommissionsvorsitzende kommentierte dies richtigerweise so: Das sei eine in die Vergangenheit gerichtete, besser: an der Vergangenheit orientierte Regelung. »Damit ist heute kein Staat zu machen!«

Warum? Weil, wie die Bull-Kommission feststellte, der öffentliche Dienst den aktuellen Herausforderungen nicht gerecht werde, die Leistungen nicht in der höchstmöglichen Qualität erbracht würden, es aufgrund fehlenden Wettbewerbs und fehlender Anreize keine Leistungssteigerungen gebe, es an Bürger- und Kundenorientierung mangele, die Führungskompetenzen unterentwickelt und das Bezahlsystem falsch seien und – nicht zuletzt – die Beamtenversorgung den Staat vor massive Finanzprobleme stelle.

Die wesentlichen Ursachen für diese Fehlentwicklungen sah die Kommission nicht etwa auf Seiten der Beamtenschaft, sondern vor allem im geltenden Dienstrecht, nämlich in der Zweiteilung in Beamten- und Tarifrecht, in der Ausdifferenzierung des Dienstrechts, die eine effiziente Rechtsanwendung erschwere, in den »hergebrachten Grundsätzen des Berufsbeamtentums«, mit dem etwa in Fragen von Flexibilität und Mobilität nicht mehr zu arbeiten sei, im auch nicht hinreichend flexiblen Tarifrecht, im insgesamt zersplitterten Personalvertretungsrecht und schließlich auch beim nicht strategisch betriebenen Einsatz der Informationstechnologien.

Ein paar Einzelschritte zur Verbesserung der Lage des öffentlichen Dienstes sind inzwischen, namentlich auf der Bundesebene, unternommen worden. Eingeleitet hatte diese noch mein Kollege Otto Schily. Doch von den Zielmarkierungen der Bull-Kommission sind wir weit entfernt. Es lohnt aber meines Erachtens, jetzt eine grundlegende Reform wie diese anzupacken. Wann denn, wenn nicht jetzt, wo es gilt, neue Kräfte freizusetzen, zu mobilisieren und zu motivieren? Das wird wieder alle retardierenden Kräfte in Politik und den Gewerkschaften des öffentlichen Dienstes auf den Plan rufen, aber das Ziel lohnt. Deutschland muss wieder an Fahrt gewinnen. Die Situation ist jetzt da, die Möglichkeiten sind es auch!

III. Klima- und Energiepolitik

Wahrheiten von heute – Irrtümer von morgen

Wer vorausschauen will, der darf den Rückblick nicht versäumen. Speziell in der Energiepolitik ist er spannend und auch lehrreich.

Schauen wir zunächst gut 50 Jahre zurück, etwa auf das Jahr 1956, als in Nordrhein-Westfalen das Forschungszentrum Jülich gegründet wurde, das damals übrigens *Gesellschaft zur Förderung der kernphysikalischen Forschung e.V.* hieß. Seinerzeit lag der Beitrag der Kohle zur Primärenergiebedarfsdeckung Westdeutschlands bei 85 Prozent, der Beitrag des Mineralöls bei 10 Prozent Die restlichen Beiträge lieferten die erneuerbaren Energien, Wasser und Holz, in einer Größenordnung von etwa 5 Prozent, ziemlich genauso viel wie im Jahr 2005. Erdgas wurde als Energieträger praktisch nicht genutzt.

Der Wirtschaftsaufschwung ließ seinerzeit ganz offensichtlich einen rasch wachsenden Energieverbrauch erwarten. In den Planungsstäben galt die Faustregel: »Der Energiebedarf verdoppelt sich im Laufe von jeweils 14 Jahren.« Entsprechend spielte in der politischen Debatte jener Jahre das Wort »Energielücke« eine erhebliche Rolle. Dies macht das damalige klare »Ja« zur heimischen Steinkohle verständlich und ebenso ein vehementes Engagement für die Nutzung der Kernenergie, von der sich manche – auch nicht wenige Sozialdemokraten – sogar die Lösung aller Energieprobleme auf alle Zeiten erhofften.

Nun, die Entwicklung ist, wie wir alle wissen, ganz anders verlaufen. Es gab überraschende und auch scharfe Wendungen. Hier sind nur ein paar Stichworte dafür:

- Da gab es die *Absatzkrise der heimischen Steinkohle*, beginnend am Ende der 50er-Jahre, sodann in den Jahren 1966/67, die den Anfang einer bis heute noch nicht völlig beendeten Kontroverse um die Nutzung der Steinkohle in Deutschland markierte.

- Da war der Jom-Kippur-Krieg, der am 6. Oktober 1973 begann und die OPEC-Staaten zu einem *Öllieferboykott* gegenüber den USA und anderen Industrienationen veranlasste.

- Ich erinnere an den Sturz des Schah-Regimes im Januar1979, der die zweite *Ölpreisexplosion* auslöste und die Weltwirtschaft in eine tiefe Rezession führte.

- Und da war *Tschernobyl* am 26. April 1986, der GAU, der eine weltweite Debatte zu Möglichkeiten und Grenzen der friedlichen Nutzung der Kernenergie auslöste.

- Es gab sodann den Start des *Europäischen Binnenmarktes* 1998, der die Strom- und Gasmärkte in Europa grundlegend verändert hat und der sie weiter, und zwar grundlegend weiter verändern wird.

- Und schließlich: Die Ratifizierung des *Kyoto-Protokolls* am 26. Februar 2005, womit das Ziel der angestrebten Verminderung der Treibhausgase erstmals einen völkerrechtlichen Rahmen bekam.

Ich denke, dieser Rückblick in Stichworten reicht hin, um uns die Grenzen der Voraussehbarkeit und Planbarkeit – auch für die auf Planungssicherheit so sehr angewiesene Energiewirtschaft – vor Augen zu führen und alle Beteiligten, zuallererst die Politik, zur Vorsicht bei allzu ehrgeizigen Festlegungen zu ermahnen.

»Die Wahrheit von heute ist der Irrtum von morgen«, sagt man. Und deshalb ...

... sind Forschung und Entwicklung von größter Bedeutung, wir müssen sie vor allem anderen vorantreiben;

... müssen wir besonders umsichtig vorgehen, vor allem im Sinne einer Diversifizierung von Risiken;

... sind die Bereitschaft, Fehler oder Fehlbeurteilungen zu korrigieren, und die Kraft, auch tatsächlich umzusteuern, nicht minder wichtig.

Ich erinnere mich gut an den Nürnberger SPD-Parteitag von 1986, der »die Neuorientierung der Energiepolitik ohne Atomkraft« als eine »historische Zäsur« charakterisierte und beschloss, binnen zehn Jahren aus der Kernenergienutzung auszusteigen, wobei die Atomkraft zu zwei Dritteln durch Energiesparen und Erneuerbare Energien und zu einem Drittel vorzugsweise durch deutsche Kohle ersetzt werden sollte.

Ich begleitete damals Johannes Rau, seinerzeit Kanzlerkandidat der SPD, der sich – wie auch ich – erst in langen, intensiven Diskussionen dazu durchrang, dem Ausstiegsbeschluss zuzustimmen, und dies vor allem im Blick auf die Risiken des Missbrauchs der Kernenergienutzung für militärische Zwecke.

Wir wissen heute, dass diese Sorge vollauf berechtigt war; man denke nur an Länder wie Nordkorea, Iran oder Pakistan. Wir wissen aber auch, dass es in Anbetracht der weltweiten Ausbreitung der Kernenergienutzung inzwischen naiv geworden ist zu glauben, an diesem Missbrauchsrisiko werde ein Ausstieg Deutschlands auch nur ein Jota ändern. Im Gegenteil, wir verspielen allenfalls Einflussmöglichkeiten!

Inzwischen verzichten Kritiker der Kernenergie am liebsten darauf, einigermaßen nachvollziehbar beschreiben zu wollen, wie die Kernenergie hierzulande und konkret ersetzt werden soll – erst recht da, wo inzwischen verschiedenen Orts auch noch der Boykott von Kohle-Großkraftwerken gefordert oder schon praktiziert wird. Auch die Bundes-SPD sagt beispielsweise in einem ihrer jüngeren Präsidiumsbeschlüsse zum Thema »Neue Energie – Innovation, Klimaschutz, Beschäftigung« zwar, dass sie am Atomausstieg festhalten wolle, trifft aber keine Aussage zur konkreten Substitution. Gefordert wird lediglich eine allgemeine »Effizienzrevolution bei der Nutzung von Energieträgern, kombiniert mit dem konsequenten Ausbau der erneuerbaren Energien«.

Kann und sollte eine dermaßen wolkige Strategie die Kernenergie in Deutschland ersetzen? Trägt sie tatsächlich den Interessen des Standortes Deutschland, insbesondere dem Thema Beschäftigung, erst recht in wirtschaftlich kritischer Zeit Rechnung? Die Frage ist aus meiner Sicht umso dringlicher, als die politische Diskussion immer mehr an Halt und Orientierung zu verlieren droht.

Der hessische Irrweg

Als die vormalige hessische SPD-Spitzenkandidatin Ypsilanti zu Anfang des Jahres 2008 in einem Interview in der *Welt* nicht nur für den Ausstieg aus der Kernenergie eintrat, sondern dem auch noch ein Nein zu Kohle-Großkraftwerken hinzufügte, war dies der Anlass für mich zu jenem bereits zitierten Kommentar. Die parteipolitischen Konsequenzen, die dies nach sich zog, sind bekannt.

Was hinter den Äußerungen von Frau Ypsilanti stand, war offensichtlich die Studie *Neue Energie für ein atomfreies Hessen. Grundlinien eines Landesenergieprogramms für Hessen*, die im Auftrag des SPD-Landesverbands erstellt und im Oktober 2006 veröffentlicht wurde.

Die Kernaussagen dieser Studie sind die folgenden:

- Weder die Atomenergie noch die fossilen Energien sind zukunftsfähig. Begründung: Gefahrenpotenzial der Kernkraftwerke, Erschöpfung der fossilen Energieträger, Klima- und Gesundheitsgefahren durch fossile Kraftwerke und keine Versorgungssicherheit wegen Importabhängigkeit.

- Atomare und fossile Großkraftwerke sollen durch dezentrale Erzeugungseinheiten auf Basis erneuerbarer Energien und Kraft-Wärme-Kopplung (KWK) ersetzt werden.

- Die Mobilisierung der erneuerbaren Energien und der KWK ist der wichtigste Schritt zur Entmonopolisierung der Stromproduktion und damit zur marktwirtschaftlichen Außerkraftsetzung des Stromkartells. Die oligopolistische Struktur der deutschen Stromwirtschaft ist die Hauptursache der Strompreissteigerungen. Gefordert wird neben der eigentumsrechtlichen Entflechtung auch eine Pluralisierung der Energiewirtschaft. Ziel ist die Zerschlagung von oligopolitischen Strukturen bei den Übertragungsnetzen und Großkraftwerken. Stattdessen sollen die Re-Kommunalisierung der Energieversorgung unterstützt und die Stadtwerke gestärkt werden.

- Die Abschaltung der Atomkraftwerke Biblis A und B ist gemäß Ausstiegszeitplan möglich, ohne dass als Ersatz neue fossile Großkraftwerke auf Kohle- oder Gasbasis gebaut werden. Die Stromerzeugung der beiden Atomreaktoren kann allein durch eine in Hessen realisierbare Kraftwerksersatzleistung auf Basis erneuerbarer Energien kompensiert werden.

Das Anlagenkonzept der Studie sieht vor:

- Die Stromproduktion von Biblis A und B (2400 MW) in Höhe von 17 TWh pro Jahr (entspricht ca. 50 Prozent des Stromverbrauchs in Hessen von 35 TWh) soll ersetzt werden durch rund 1700 dezentrale Anlagen auf Basis erneuerbarer Energien mit einer Gesamtleistung von ca. 10 000 MW. Diese Leistung setzt sich zusammen aus:

- 690 Solarparks mit 6900 MW (10 MW i. Bestpunkt pro Anlage)
- 596 Windräder mit insgesamt 2682 MW (4,5 MW pro Anlage)
- 282 Biogas-BHKW mit insgesamt 378 MW (1,5 MW pro Anlage)
- 63 Laufwasser-Kraftwerken mit insgesamt 76 MW (1,2 MW pro Anlage) und
- 3 Geothermie-Kraftwerken mit insgesamt 12 MW.

Die Grund-, Mittel- und Spitzenlasten der Energieversorgung sollen im Sinne dieser Studie offensichtlich durch ein integriertes Netzmanagement sowie durch die Einbeziehung und Ausweitung verfügbarer Stromspeicher wie Pumpspeicher- und Druckluftspeicherkraftwerke bereitgestellt werden. Die permanente Stromversorgung könne, wie es heißt, durch lokale Energiespeicher, Biomassereservekapazitäten und regionale Stromversorger gesichert werden.

Die hässlichen Konsequenzen

Um meiner Sache sicherer zu sein, als ich es als Nicht-Fachmann sein kann, habe ich dieses Konzept mir persönlich bekannten Experten der Energieversorgungswirtschaft, denen ich vertraue, zur individuellen Bewertung vorgelegt. Ich gebe diese Bewertung hier unverändert weiter:

- Das Energiekonzept der SPD enthält keine Aussagen zur Wirtschaftlichkeit, weder zu den erforderlichen Investitionen noch zu den resultierenden Stromerzeugungskosten. Alles, was technisch möglich erscheint, wird unabhängig von Kostenaspekten als realistisch dargestellt.

- Die Ersatzleistung für Biblis A und B auf Basis erneuerbarer Energien in Höhe von 10 000 MW erfordert einen Investitionsaufwand von rund 50 Mrd. Euro (ohne notwendige Regel- und Reserveleistung sowie Netzausbau). Zum Vergleich: Die Investitionen für eine Ersatzleistung auf Kohle- bzw. Gasbasis betragen 3,2 bzw. 1,4 Mrd. Euro.

- Die Stromerzeugungskosten auf Basis des vorgesehenen Erneuerbaren-Energien-Mix belaufen sich auf 170 Euro pro MWh (17 Cent pro KWh). Sie sind damit rund 4,5-fach höher als der durchschnittliche Börsenpreis für Grundlaststrom in 2007 (38 Euro pro MWh).

- Das Energiekonzept der SPD erfordert einen Flächenbedarf von 3240 qkm. Dies entspricht über 15 Prozent der hessischen Landesfläche (21 114 qkm). Zum Vergleich: Der Flächenbedarf des KKW Biblis beträgt 0,4 qkm.

- 80 Prozent der Stromerzeugung (13 von 17 TWh) des SPD-Konzepts sind nicht planbar und damit nicht grundlastfähig. Dieser Qualitätsmangel soll durch zusätzliche Pump- und Druckluftspeicherkraftwerke ausgeglichen werden. Diese sind jedoch technisch nicht bzw. nur zu unverhältnismäßig hohen Kosten zu realisieren.

- Im Rahmen des vorgesehenen integrierten Netzmanagements sollen bei Lastspitzen nachrangige Verbraucher (»Waschmaschinen«) einfach abgeschaltet werden können. Dies bedeutet einen nicht akzeptablen Verlust von Versorgungssicherheit.

- Der von der Bundesregierung vorgesehene Ausbau der erneuerbaren Energien für die Stromerzeugung (Ziel: Anteil von 25 bis 30 Prozent in 2020) wird aus wirtschaftlichen Gründen in erster Linie nicht in Hessen stattfinden. Da gleichzeitig auf den Neubau von Kohlekraftwerken verzichtet werden soll, würde die Stromerzeugungskapazität bei einer Stilllegung von Biblis A und B sowie älterer fossiler Kraftwerke von derzeit 5500 MW auf rund 1000 MW in 2020 zurückgehen. Hessen würde zu einem fast reinen Stromimportland mit negativen Auswirkungen auf Wirtschaftskraft und Arbeitsmarkt.

Zu den Auswirkungen des Programms der hessischen SPD auf die Erzeugungs- und Netzstruktur heißt es in der mir vorliegenden Bewertung weiter:

»Biblis A und B sollen nach den Vorstellungen der hessischen SPD bis 2009 bzw. 2013 abgeschaltet werden. Ein Ersatz ist nicht vorgesehen. Der von E.ON geplante Neubau von Block 6 des Kraftwerkes Staudinger mit 1100 MW bis 2012 soll nicht erfolgen und die am Standort vorhandenen Blöcke 1–3 (790 MW Steinkohle) sollen 2012 abgeschaltet werden. Das für 2012 geplante Steinkohlkraftwerk Ingelheimer Aue mit 800 MW soll ebenfalls nicht gebaut werden. Hier soll stattdessen die Stilllegung von Block 4 (400 MW-GuD) entfallen und nur Block 3 (350 MW Gas) stillgelegt werden.

Im Ergebnis ergibt sich 2012/13 ein Erzeugungsdefizit in Südhessen von ca. 3900 MW, das im Hinblick auf die Versorgungssicherheit (Verfügbarkeit und Kapazität) nicht verlässlich durch Repowering von Windkraftanlagen, Erhöhung der Energieeffizienz und Förderung von KWK kompensiert werden kann. Eine Aufgabe von Kraftwerksneubauprojekten im südlichen Bereich Deutschlands würde das aufgrund des Kernenergieausstiegs bereits absehbare strukturelle Erzeugungsdefizit in Süddeutschland massiv verstärken. Ein Erzeugungsdefizit in solchem Ausmaß führt zwangsläufig zu noch höheren Energietransporten von Nord- nach Süddeutschland als bislang angenommen:

- Zur Gewährleistung der Systemsicherheit müsste der bisher geplante Freileitungsbau beschleunigt und grundsätzlich hinsichtlich der zusätzlich erforderlichen Kapazität überprüft werden. Die erforderlichen Investitionen würden die bisher veranschlagten rund 550 Mio. Euro deutlich überschreiten.

- Durch die erhöhte Auslastung der Netze steigt der regionale Blindleistungsbedarf weiter an. Gleichzeitig fallen durch die fehlenden Kraftwerke wichtige Blindleistungsquellen weg. In der Konsequenz kann die erforderliche Netzstabilität in Situationen extremer Netzbelastung nicht mehr aufrechterhalten werden.

- Abhängig von der Einspeisesituation sind Netzengpässe zwischen dem Ruhrgebiet und Hessen zu erwarten, sodass hier ein Engpassmanagement implementiert werden muss. Im Ergebnis ist mit an Sicherheit grenzender Wahrscheinlichkeit davon auszugehen, dass Deutschland in zwei Strompreiszonen zerfällt. Der Großhandelsstrompreis in der südlichen Zone (einschließlich Hessen) wäre dabei höher als der in der nördlichen Zone.«

Vorsicht, De-Industrialisierung!

Wer diese Bewertung liest, wird vielleicht verstehen, weshalb ich mit jenem Zeitungskommentar wie auch sonst mit dem mir möglichen Nachdruck vor den Gefahren einer De-Industrialisierung unseres Landes durch Fantastereien warne, wie sie in jenem SPD-Programm und dem Grunde nach ähnlich in Grundsatzbeschlüssen der Partei *Die Grünen* zu finden sind.

In meiner Haltung bestärkt sehe ich mich durch ein Schreiben von Professor Dr. Fritz Vahrenholt, ehemaliger Hamburger SPD-Umweltsenator, vorheriger Vorstandsvorsitzender von Repower, heute Vorstandsvorsitzender der RWE Innogy AG, in dem er sich zum einen auf Äußerungen von Patrick Moore, dem Gründer von Greenpeace Deutschland, und zum anderen auf eine Anzeige des Umweltverbandes Eurosolar bezieht. Weil dieses Schreiben Vahrenholts die Komplexheit der Diskussion nach meinem Eindruck auf die entscheidenden Punkte zurückführt, sei es hier ebenfalls angeführt.

Vahrenholt zitiert zunächst aus einem ganzseitigen Essay von Patrick Moore, Gründungsdirektor von Greenpeace International und

Gründer von Greenpeace Deutschland, das in der Tageszeitung *Die Welt* unter dem Titel »Die Atomenergie ist sicher« veröffentlicht wurde, die folgenden Sätze:

»Umweltverbände, die behaupten, die Wind- und Solarenergie könnte die großen Atom- und Kohlekraftwerke ersetzen, führen die Öffentlichkeit auf unverantwortliche Weise in die Irre. Es ist schlicht unmöglich, Krankenhäuser, Fabriken, Schulen und Wohnstätten mit Energietechniken zu versorgen, die ganze Tage lang nicht funktionieren ... Für jede neue Wind- oder Solaranlage braucht man eine verlässliche Reserveleistung, wenn Wind und Sonne nicht zur Verfügung stehen.«

»Als jemand«, so schreibt Vahrenholt ergänzend zu diesem Aspekt, »der 20 Jahre lang die Erneuerbaren Energien an maßgeblicher Stelle vorangetrieben hat, möchte ich hinzufügen: Und die Zeit der Nichtverfügbarkeit beträgt in Deutschland bei der Windenergie an Land 70 bis 75 Prozent, bei Photovoltaik rund 90 Prozent des Jahres.«

Damit nimmt Vahrenholt zu einem weiteren Beitrag in der *Welt* Stellung, nämlich zu einer ganzseitigen Anzeige des Umweltverbandes Eurosolar. Darin hieß es: »Wir können für Europa und Deutschland das gleiche Ziel ansteuern, das Al Gore in den USA einfordert: den vollständigen Wechsel zu Erneuerbaren Energien in zehn Jahren.« Frau Ypsilanti hatte diesen Aufruf mit unterzeichnet.

Vahrenholt nun wörtlich dazu:

»Ich arbeite mit vielen anderen in der Industrie hart daran, den Anteil der heimischen erneuerbaren Energien bis 2020 auf über 20 bis 30 Prozent der Stromversorgung hochzuschrauben. Dieses ehrgeizige Ziel zu erreichen und dabei nicht den Kernbestand der deutschen Grundstoffindustrie zu gefährden oder in Abhängigkeit von steigenden Stromimporten zu geraten, muss im energiepolitischen Mittelpunkt stehen. Es bedarf aber gleichzeitig der Offenheit und Ehrlichkeit festzustellen, aus welchen Quellen der »Rest« von 70 bis 80 Prozent bedient werden soll, ohne Klimaziele, Arbeitsplätze und Versorgungssicherheit zu gefährden.«

Vahrenholt direkt an die Adresse von Frau Ypsilanti:

»Ich bin fassungslos, dass Sie sich zu weltfremden Fantastereien hergeben. Ich hoffe sehr, Ihre Unterschrift ist ohne Ihre Kenntnis unter diesen Aufruf gerutscht. Ein Mitglied einer Regierung, wo immer in Deutschland oder Europa, dürfte dies kaum unterschreiben, ohne sich des Vorwurfs auszusetzen, die Menschen in die Irre zu führen.«

So ist es, wie nun ein jeder und eine jede nachprüfen mag. *Und weil dem so ist, bin ich nach 38 Jahren aus jener Partei ausgetreten, deren Führung solchen Fantastereien einer regionalen Gliederung freien Lauf ließ und dafür den, der darauf aufmerksam machte, disziplinarisch belangen ließ.*

Das dreifache Nein

Es ist bemerkenswert und kennzeichnet vielleicht die Unsicherheit, die viele Grüne und auch Sozialdemokraten verspüren, wenn sie ihre als unverrückbar behauptete Position in der Energiepolitik mit wachsender Aggressivität verteidigen.

Zum einen wird daran deutlich, dass, je schmaler das programmatische Band wird, man desto unnachsichtiger mit denen umgeht, die sich davon nicht oder nicht mehr ausreichend gebunden fühlen. Der Diskurs, auf den sich SPD wie Grüne früher viel zugute hielten, wird darüber immer schmalspuriger. Boris Palmer oder Hubert Kleinert von den Grünen haben das schon des Öfteren zu hören bekommen und Margareta Wolf hat aus freien Stücken die Konsequenz gezogen.

Diese Neigung zur Ab- und Ausgrenzung entwickelt sich bei beiden Parteien aus der Energiepolitik, obgleich dies ideologisch eigentlich nur bei den Grünen nahe läge. Die Gegnerschaft zur Atomkraft ist schließlich der letzte verbliebene Kern der grünen Identität. Sie gehört »zu den Gründungsmythen« der Partei, wie Politikprofessor Kleinert es beschrieb. Und deshalb wird – nur Altmeister Joschka Fischer macht da (noch) eine Ausnahme – in Acht und Bann geschlagen, wer es wagt, gegen das dreifache Nein die Stimme zu erheben: Nein zu neuen Atommeilern, Nein zu längeren Laufzeiten von am Netz befindlichen Atommeilern, Nein zu neuen Kohlekraftwerken.

Für Sozialdemokraten hingegen galt die Atomenergie ja einst als hoch willkommener Kraftquell zur Entlastung der menschlichen Arbeitskraft, für den wissenschaftlichen Fortschritt. Doch das ist, seit Tschernobyl, dahin und heute gehört der seinerzeitige Beschluss zum Ausstieg aus der Atomenergie für einen Teil der SPD – und nicht für den (auf Parteitagen) zahlenmäßig geringsten – zur politischen Dogmatik.

Für diesen Teil der Sozialdemokratie – in Hessen zu besichtigen – ist das dreifache Nein und der »vollständige Wechsel zu erneuerbaren Energien in zehn Jahren« nicht selten ebenfalls zur politischen Ideologie verquollen. Wer wagt, solch hehre Zielsetzungen in Zweifel zu ziehen und zu fragen, wie denn mehr als 20 oder 25 Prozent der Stromversorgung bis 2020 durch Erneuerbare Energien dargestellt werden sollen, ohne den Industriestandort Deutschland und Hunderttausende von Arbeitsplätzen zunächst in den Grundstoffindustrien und sodann in der industriellen Fertigung aufzugeben, dessen parteipolitische Zurechenbarkeit wird kurzerhand streitig gestellt. Das nenne ich ein sektiererisches Verhalten.

Das Bild der Parteien droht darüber mehr und mehr zu verschwimmen. Aber statt – gegebenenfalls auch einmal gegen momentan stark scheinende Strömungen – den eigenen

Charakter, ein klares Profil in dieser sich immer weiter öffnenden und verwundbarer werdenden Welt neu zu formen, statt die besten, auch die kritischsten Köpfe hereinzubitten, begeben sie sich in Abwehrhaltung. Wer nicht hundertprozentig für uns ist, der ist gegen uns, scheint die Devise zu sein. Doch wir wissen: Alleinvertretungsansprüche und die, die sie vertreten, verlieren rasch an Saft und Kraft.

Helmut Schmidt hat das in einem seiner »Zigaretten-Gespräche« in der *Zeit* auf seine unnachahmliche Weise kommentiert, indem er darauf hinwies, dass nach Tschernobyl wir Deutsche die Einzigen waren und sind, die die Konsequenz des Atomausstiegs gezogen haben. Schmidt wörtlich: »Wir wollen klüger sein als die ganze Welt. Sind wir aber nicht.« Und auf die Frage, ob sich denn die SPD einen Ausstieg aus dem Atomausstieg erlauben könne: »Diese Wende ist im Augenblick nicht dringend notwendig, aber irgendwann wird sie kommen ...«

Es wäre allerdings gut, wenn dieses »Irgendwann« stattfände, bevor der Ausstieg tatsächlich beginnt, und das wäre schon sehr bald ...

Pragmatismus statt Ideologie

In dieser herausfordernden Situation für die Weltwirtschaft darf natürlich die Weltenergie- und Weltklimapolitik nicht unter die Räder kommen. Aber wir müssen mit besonderer Sorgfalt darauf achten, dass Ideologien nicht den energie- und industriepolitischen Sachverstand ausschalten.

Wir sind ja, worauf Hans-Werner Sinn in seinem lesenswerten Buch »Das grüne Paradoxon« hinweist, »dreifacher Weltmeister bei grüner Energie«, denn bei der Produktion von Biodiesel, Sonnenstrom und Windstrom »liegen wir weit vor allen anderen Ländern dieser Erde«. Aber, so muss man fragen, kann irgendjemand ernsthaft glauben, dies sei hinreichend für den Industriestandort Deutschland? Sollten wir nicht, so fragt Professor Sinn zu Recht, doch die Atom-Option offen halten, statt allein auf die regenerativen Energiequellen zu setzen? Sollten wir nicht unsere Kräfte lieber »auf die Maßnahmen konzentrieren, die relativ zu dem Geld, das sie kosten, die größte Einsparung beim Ausstoß des gefährlichen Kohlendioxidgases versprechen«?

Der Energiebedarf der Menschheit wird in den kommenden Jahrzehnten weiter wachsen.

Die Internationale Energie-Agentur prognostiziert für das Jahr 2030 bei einer Weltbevölkerung von 8,5 Milliarden Menschen nahezu eine Verdoppelung auf 23 Milliarden Kilowattjahre gegenüber dem jetzigen Wert. Allein solche Zahlen müssten uns lehren, die Suche nach der Energieversorgung von morgen und übermorgen nicht einäugig zu betreiben, sondern keine Option auszulassen.

Wir brauchen ...

... die weitere Nutzung und die Weiterentwicklung der Nutzung der Atomenergie und die Beendigung des Moratoriums in Gorleben,

... die Fortsetzung der Arbeiten an der Kernfusion, auch wenn deren Ausgang ungewiss ist und die Arbeiten noch etliche Jahre in Anspruch nehmen werden,

... angesichts der weltweit noch weiter ansteigenden Kohleverbrennung baldmöglichst den Einsatz des sogenannten CO_2-freien Kohlekraftwerks auf der Basis der »Carbon Capture and Storage«-Technologie als derzeit wichtigster Antwort auf die globale CO_2-Problematik,

... die Erneuerbaren Energien, allerdings mit ergebnisorientierteren Subventionen, (»Einspeisevergütungen«) als sie heutzutage bei uns gebräuchlich sind, denn: Einsatz und Förderung von Solarkraftwerken in Sonnenregionen sind auch für uns wichtiger als die Photovoltaik auf hiesigen Dächern,

... eine tatsächliche Effizienzrevolution in unserer Industrie und

... namentlich neue Antriebstechnologien, beispielsweise das Elektroauto und auch die Weiterentwicklung der Brennstoffzelle mit jeweils realistischen Strom- oder Wasserstoff-»Tank«-Modellen.

Und zu alldem brauchen wir Investitionen in den grenzüberschreitenden Netzausbau als entscheidenden Wettbewerbsverstärker in den europäischen Energiemärkten.

Um es auf den Punkt zu bringen: Ohne politische und gesellschaftliche Akzeptanz weiterer konventioneller Kraftwerke, einer ergebnisorientierten Entwicklung der Erneuerbaren Energien und eines nachdrücklichen Netzausbaues werden wir das Ziel – eine sichere und saubere Energieversorgung zu bezahlbaren Energiepreisen für eine industrielle Dienstleistungsgesellschaft – nicht erreichen. Anders gesagt: Noch haben wir die Chance, uns im weltweiten Ranking der im klimafreundlichen, effizienten Energieeinsatz erfolgreichsten Volkswirtschaften ganz vorn zu etablieren. Aber dies setzt für die überschaubare Zeit den weiteren Einsatz der Kernernergie, neue Kohlekraftwerke und Entwicklung und Einsatz der CCS-Technologie wie der Erneuerbaren Energien voraus.

Angesichts dessen bin ich mit dem Dänen Björn Lomborg (»Cool it«) der Überzeugung, dass es sinnvoller wäre, wenn die Staaten dieser Erde sich verpflichteten, jährlich $^{1}/_{4}$ Prozent ihres Sozialprodukts in Forschung und Entwicklung einer möglichst CO_2-freien, von den endlichen Energiequellen Öl und Gas weitgehend unabhängigen, dauerhaft sicheren, ökonomisch verantwortlichen Energieversorgung zu investieren, statt das bisher auf Europa begrenzte System des Emissionshandels, kombiniert mit bürokratisch-administrativen Vorgaben fortzuführen, die die Entwicklung von Wissenschaft und Forschung eher behindern.

Das Vorgehen à la Lomborg wäre mit Sicherheit auch Erfolg versprechender und wesentlich effizienter, da marktwirtschaftlich statt bürokratisch.

Das krasseste Beispiel für den Rückfall in die Staatswirtschaft liefert eben dieser europäische Emissionshandel, der ja alles andere als ein freier Markt ist, weil seine Bedingungen immer neu, immer politisch-administrativ und ohne Rücksicht auf außereuropäische Verluste willkürlich festgesetzt werden. So auch diesmal auf dem einschlägigen Brüsseler Gipfel.

Der wirkliche Gipfel war dabei, dass die Energieversorger ihre CO_2-Zertifikate nun ab 2013 zu hundert Prozent ersteigern sollen, dass aber der Bau neuer Kohlekraftwerke – welcher? – künftig mit Mitteln aus eben diesem, vor allem von den Energieversorgern gespeisten Versteigerungstopf gefördert werden soll.

Das hat mit marktwirtschaftlichen Bedingungen nichts zu tun. So bringt man nur den bürokratischen Kreislauf in Schwung!

Insgesamt wird diese EU-Regelung zum Emissionshandel nicht nur die deutschen Energieversorger, soweit sie auf Kohlebasis produzieren, in massive Wettbewerbsnachteile bringen. Sie wird auch die energieintensive Industrie in unserem Land treffen, obgleich die – vorläufig – aus der Ersteigerungspflicht ausgenommen wird. Denn auf jeden Fall wird die Energie in Deutschland teurer, und zwar unzweifelhaft teurer als die im EU-geförderten Kohleland Polen und erst recht als die im Atomland Frankreich.

Auf diese Weise hat uns dieser europäische Gipfel die ganze Schizophrenie unserer gegenwärtigen Energiepolitik sehr konkret vor Augen geführt: Wir stimmen zu, dass die Kohleverstromung ab 2013 durch die 100-prozentige Ersteigerungspflicht von CO_2-Zertifikaten massiv zusätzlich belastet wird und wollen zugleich aus der weiteren Nutzung der CO_2-freien Atomenergie aussteigen.

Das verstehe, wer will. Unsere französischen Freunde werden jedenfalls all die verqueren Diskussionen bei uns – für und gegen Großkraftwerke, ob auf Atom- oder Kohlebasis – mit großer Aufmerksamkeit, viel Unverständnis, aber vermutlich nicht mit Unbehagen verfolgen. Die Wettbewerbslage ihrer mit Atomstrom versorgten Industrie wird sich – ohne eigenes Zutun – im Vergleich mit der unseren deutlich verbessern!

Auch Gorleben kann kommen

Im Januar 2006 waren weltweit 22 KKW im Bau, 40 in der Planung und 113 vorgeschlagen. Die Zahlen haben sich seither weiterbewegt, und zwar nach oben. Bislang hat kein Land auf der Welt einen Ausstieg aus der Kernenergie auch faktisch vollzogen. Der Grund ist völlig klar: Die Substitutionsproblematik wurde unterschätzt und zwang allerorten – erst recht im Zeichen der CO_2-Problematik – zur Revision der Ausstiegspolitik. Außer bislang in Deutschland.

Doch es ist absurd geworden anzunehmen – was wir 1986 noch erhoffen durften –, dass die Welt Deutschland (oder Österreich) als Vorreiter im Ausstieg aus der Kernenergie folgen werde.

Hinzu kommt, dass bei uns in Westeuropa entwickelte und am Netz befindliche Kernreaktoren einen außerordentlich hohen Sicherheitsstandard haben. Es sind die höchsten Standards der Welt, wie man beispielsweise aus dem globalen Ranking der zeitlichen Verfügbarkeit der KKW ablesen kann. Unter den zehn weltweit Besten sind die meisten bei uns in Deutschland am Netz!

»Man mag es kaum glauben, aber es ist wahr: Wir sind auch auf dem besten Wege, die Entsorgungsfrage – bisher die kritischste Problematik der Nutzung der Kernenergie – positiv beantworten zu können. Für schwach- und mittelradioaktiven Abfall steht ab dem Jahr 2013 der Schacht Konrad in Niedersachsen bereit. So ist es auch höchstrichterlich abgesegnet und bedeutet, dass 90 bis 95 Prozent des bei uns anfallenden nuklearen Abfalls in überschaubarer Zeit einwandfrei unterzubringen sind.

Außerdem ist der Salzstock Gorleben als der seit 1978 (!) erkundete Ort für die Lagerung hochradioaktiven Abfalls ganz offensichtlich ebenfalls geeignet. Wir wissen, dass dieser Salzstock seit mindestens 200 Millionen Jahren stabil und daher besonders tauglich für die Lagerung ist. Und bei allen bisherigen, bis in die jüngste Zeit reichenden Erkundungen (und Investitionen von annähernd 2 Milliarden Euro) ist kein einziges Argument von Gewicht gegen die Geeignetheit von Gorleben gefunden worden. Parallel ist die Endlagerung hochradioaktiven Abfalls – eingeschmolzen in Glaskokillen – seit vielen Jahren im Kernforschungszentrum Karlsruhe technisch vorbereitet worden.

Versuche, etwa des Bundesumweltministers und früheren niedersächsischen Ministerpräsidenten Gabriel, die Suche nach einem anderen Standort noch einmal zu eröffnen – und zwar am liebsten in Süddeutschland –, sind nur allzu durchsichtige Ablenkungsmanöver von einer schwierigen Entscheidung. *Sie verlangt, das nun schon seit Jahren währende Moratorium über Gorleben aufzuheben und die Arbeiten am dortigen Endlager ergebnisorientiert fortzusetzen.*

Das wird zu heftigen Reaktionen führen, vor denen auch schon andere – wie der seinerzeitige niedersächsische Ministerpräsident Ernst Albrecht – kapitulierten, und zwar mit der dramatischen Erklärung, für die sachlich eigentlich gebotene Entscheidung sei keine gesellschaftliche Akzeptanz zu gewinnen.

Aber die Zeiten haben sich nun einmal auf eine seinerzeit unvorhersehbare Weise geändert, vor allem für die Energiepolitik. Die Meinung vieler Bürgerinnen und Bürger zur Atomenergie hat sich ebenfalls geändert, und zwar im eher positiven Sinne. Außerdem war der Zwang, aus Gründen der Energieversorgungssicherheit wie aus Gründen des Umwelt- und Klimaschutzes zu handeln, nie so groß wie heute.

Also, entscheiden und handeln ist geboten, auch in Gorleben!

IV. Erziehung, Bildung und Qualifikation

Zukunftsgestaltung geht vor

Der tiefere Sinn aller Reform- und Erneuerungspolitik in unserem Land ist, die Hände freizubekommen, um wieder die Zukunft gestalten, um wieder mehr in die Zukunft investieren zu können.

Etwas klarer gesagt: Wir investieren heute viel, ja, zu viel in die Lösung oder Minderung von Problemen, die wir früher hätten überwinden müssen – wie die hohe Arbeitslosigkeit – oder die wir auf andere Weise lösen müssten, beispielsweise durch einen kräftigeren privaten Anteil, also durch eine Stärkung der Eigenverantwortung und durch strukturelle Veränderungen im Sinne von mehr Wettbewerb, etwa in der Gesundheitswirtschaft.

Das nimmt uns auch, aber nicht nur die materielle Kraft, die wir für die Zukunft unseres Landes aufwenden müssen: für Kinderkrippen und Kindergärten, für Schulen und Hochschulen, für Qualifizierung, Weiterbildung und lebenslanges Lernen.

Diese Aufgaben müssen wieder in den Mittelpunkt unserer gesellschaftlichen Aufmerksamkeit gerückt werden. Dass sie dort heute nicht sind, macht aus meiner Sicht den entscheidenden Unterschied zu den – nicht nur, aber besonders – in Bildung, Wissenschaft und Forschung erfolgreichen skandinavischen Ländern aus. Das ist es jedenfalls, was ich bei Erkundungsfahrten in Finnland und Schweden wahrgenommen habe: Die Schule steht dort im Zentrum des örtlichen Geschehens. Selbstverständlich für die Eltern, aber auch für die lokale Gemeinschaft. Man weiß, ohne es beständig im Munde zu führen: Was in der Schule, was zwischen Lehrern und Schülern gelingt oder nicht gelingt, das wird sowohl für die individuellen Schicksale als auch für die Zukunft des Landes entscheidend sein.

Schulen brauchen Partner

Und wie steht es bei uns? Wer sich in unserer Schulwirklichkeit umtut, der wird ein oft erschreckendes Desinteresse von Eltern am Schulgeschehen feststellen. Natürlich ist das nur ein pauschaler Eindruck. Aber ich habe beispielsweise zu oft erlebt, wie wenige Eltern wirklich am Schulleben teilnehmen.

Vom gesellschaftlichen Engagement zu schweigen. Lehrerinnen und Lehrer verdienten eigentlich die höchste Wertschätzung, weil sie sich um das Wichtigste kümmern, das einem Menschen und einer Gesellschaft gegeben ist, nämlich Kinder und nachwachsende Generationen. Diese Menschenbildner werden bei uns – wiederum pauschal gesagt – eher wie eine randseitige Gruppierung behandelt. Noch deutlicher ausgedrückt: Es gibt kaum eine Berufsgruppe, die platteren Sprüchen und nicht selten auch Schmähungen ausgesetzt ist als diese. Wie aber, das ist die Frage, sollen so abgebildete Pädagogen zu Vorbildern für die von ihnen zu erziehenden Kinder und Jugendlichen werden?

Das setzt sich natürlich fort: Schulen und Wirtschaft, Schulbildung und berufliche Qualifizierung hängen auf das Engste miteinander zusammen. Der Übergang von der Schule ins Berufsleben ist von ausschlaggebender Bedeutung für die junge Generation. Von seinem Gelingen hängt die berufliche Zukunft ab.

Und dennoch lassen wir zu, dass dieser Übergang vielen, in jedem Fall zu vielen jungen Leuten misslingt. Ja, wir haben das berufliche Bildungswesen und das ist gut. Wir sollten es hüten wie unseren Augapfel. Aber deshalb dürfen wir natürlich die Augen nicht verschließen, wann und wo dieses hochgelobte System versagt.

Ich habe im Laufe meiner politischen Arbeit gelernt, dass ein wesentliches Problem darin besteht, dass in vielen, ja, wohl in den meisten Schulen keine zureichende Vorbereitung auf das stattfindet, was die jungen Leute im Arbeits- und Wirtschaftsleben erwartet. Lehrerinnen und Lehrer haben nur zu selten eine realistische Vorstellung vom alltäglichen Geschehen »in der Wirtschaft«. Und für die Jugendlichen reichen ein oder zwei Berufspraktika von ein, zwei Wochen Dauer auch nicht aus.

Was wir benötigen, das ist ein enges Zusammenwirken von Schulen und Unternehmen, und zwar eines, das für die Schülerinnen und Schüler etwa drei Jahre vor dem Übergang ins Berufsleben beginnt.

Dieses Zusammenwirken in Form regelrechter Schulpartnerschaften sollte vonseiten der Wirtschaft bis hin zur Berufsberatung mitgestaltet werden; durch Experten aus den Unternehmen, nicht nur, aber natürlich auch durch Seniorexperten. Wir müssen das in Deutschland oft viel zu enge Kompetenzdenken überwinden, auch zwischen Schulen, Hochschulen zumal, und Wirtschaft. Wir brauchen ein tatsächlich vernetztes Denken und Handeln!

Neues Denken muss her

Wir brauchen in der Bildungspolitik ein neues Denken, wenn wir im internationalen Vergleich bestehen wollen.

Wir brauchen ein neues, aufgeschlossenes Verständnis der pädagogischen Arbeit. Lehrerinnen und Lehrer sollten – wie übrigens auch Hochschullehrer – nicht mehr »verbeamtet«, sondern nach ihren Leistungen bezahlt werden. Den Schulen sollte – wie selbstverständlich auch den Hochschulen – mehr Selbstständigkeit gewährt und weniger Bürokratie zugemutet werden. Wir brauchen überall im Land Ganztags*schulen* und nicht nur eine Ganztags*betreuung*.

Die Bildungsarbeit, natürlich altersgemäß, kann und sollte sehr früh einsetzen. Sie setzt sprachliche Sicherheit voraus. Ohne sie kann die

Integration nicht gelingen, wie wir aus zu vielen unserer heutigen Schulen wissen. Wir brauchen zugleich mehr Internationalität in unserem Bildungswesen, nicht weniger fremdsprachliche Fähigkeiten als sie bei unseren kleineren Nachbarn gepflegt werden. Und nicht zuletzt: Wir müssen uns wieder klar und schnörkellos zur Erziehungsaufgabe der Schule bekennen.

Natürlich kostet all dies und einiges weitere, das notwendig ist – vor allem prinzipiell kleinere Klassen! –, Geld. Sehr viel mehr Geld, als wir heute in unser Bildungswesen investieren. Wir liegen auf diesem Feld deutlich zurück gegenüber den heute erfolgreichen Bildungsnationen, zu denen wir uns früher auch zählen konnten.

Hier soll nun keine Gesamtrechnung aufgemacht werden. Aber ich hielte es schon für ein hervorragendes Signal für ein neues Denken in der Bildungspolitik, wenn der Bund – nach der vermaledeiten *Föderalismusreform I* – eine Bildungsstiftung auf die Beine stellen würde, die mit einer hohen Milliardensumme ausgestattet sein und deren Erträge ausschließlich und zusätzlich den Schulen in Deutschland zugute kommen sollten. Außerdem halte ich es für selbstverständlich, jedenfalls unverzichtbar, dass die für die Bildung in unserem Land verantwortlichen Länder die ihnen ins Haus stehende demografische Rendite voll und ganz den Schulen belassen. Und es wäre auch ein gutes Zeichen, wenn die Länder beispielsweise die ihnen alsbald zufließenden Erlöse aus der Erbschaftssteuer komplett in ihre Schulen investierten.

Das alles wäre zusammengenommen noch nicht hinreichend, um unser Bildungswesen in der Finanzausstattung auf ein dem höchsten internationalen Standard entsprechendes Niveau anzuheben, aber es wäre ein Anfang!

Die Bildungsinitiative des Frankfurter Zukunftsrates

Der *Frankfurter Zukunftsrat* ist noch jung. Er wurde im Frühjahr 2008 auf Initiative von Professor Dr. Manfred Pohl ins Leben gerufen. Ihm gehören derzeit Unternehmer, Wissenschaftler, Politiker und Persönlichkeiten des öffentlichen Lebens an, die konkrete Konzepte zur Zukunft Deutschlands entwerfen und an die Entscheider in unserem Land herantragen wollen.

Der *Arbeitskreis Erziehung und Bildung* des Zukunftsrates steht unter der Leitung von Bernhard Bueb, dem ehemaligen Leiter der Schule Schloss Salem. Er hat im Oktober 2008 mit 19 von seinem Arbeitskreis entwickelten Thesen für ein entschiedenes Umsteuern in der Bildungspolitik geworben und damit erhebliche Aufmerksamkeit gefunden. Mir als einem der stellvertretenden Vorsitzenden des Zukunftsrates ist dabei erneut deutlich geworden, wie weit bei uns das allgemeine Verständnis für die Bedeutung der Bildung entwickelt ist – aber auch das Gefühl für die dringende Notwendigkeit der Erneuerung unseres Schulwesens.

Eine der Kernaussagen des Arbeitskreises ist, dass die bisherigen Reformen im Bildungswesen »an den wichtigsten Personen, den Lehrern, vorbeigegangen« ist und dass wir zwar »seit Jahrzehnten ... Mängel unseres Bildungswesens« beklagen, dass sich »aber wenig zum Besseren gewendet (hat)«. Bisher, so beklagen die Verfasser – wie ich als ehemaliger Ministerpräsident sagen muss – zu Recht, haben sich die Reformen »weitgehend auf die Veränderung von Strukturen beschränkt«. Das war, wie die schulischen Ergebnisse zeigen, falsch und hat viel Zeit gekostet.

Stattdessen gehören »die Personen, die die Strukturen mit Leben füllen sollen, die Lehrer« in den Mittelpunkt, heißt es in den Thesen des Zukunftsrates. Bisher finde die notwendige Persönlichkeitsbildung in der Schule nur unzureichend Beachtung. Zu viele Kinder »leiden an einem Mangel an Zuwendung von Erwachsenen und an einem Mangel an gestalteter Gemeinschaft«. So gelinge weder die Integration von Kindern aus bildungsfernen Schichten und von Kindern ausländischer Herkunft noch die Förderung und Charakterbildung der Hochbegabten aller Schichten.

Die 19 Thesen (siehe Anhang) wollen ein Anstoß zum neuen Denken in der deutschen Bildungspolitik sein. Ich hoffe, dass sie diese Wirkung tatsächlich haben werden. Wir dürfen keine Zeit mehr verlieren!

Europäer mit Vision

Zwei Kriege, ein bedrohter Planet und die gefährlichste Finanz- und Wirtschaftskrise seit Jahrzehnten hat Barack Obama selbst als seine größten Herausforderungen bezeichnet. Vor

Herausforderungen dieser Dimension stand seit dem Zweiten Weltkrieg kein amerikanischer Präsident. Aber Obama strahlt eine Zuversicht aus, die viele seiner Landsleute zu erwärmen scheint und die auch den Rest der Welt auf diesen »President Hope« setzen lässt.

Und dies ist ja auch richtig: Was in den USA gelingt (oder nicht), das wird die Welt beeinflussen. Ob es sich um die Bekämpfung des Terrorismus, um Krieg oder Frieden in Mittelost oder die Überwindung der globalen Wirtschaftskrise handelt – nichts geht ohne Amerika. Ja, die bipolare Welt des kalten Krieges ist dahin. Aus der Alleinherrschaft der USA, dem von George W. Bush praktizierten Recht seines Landes auf den militärischen Erstschlag, wie ein Kommentator bitterböse schrieb, ist nichts Wahres geworden. Aber auch in einer Welt mit neuen Kraftzentren werden die USA noch für lange Zeit die führende Nation sein.

Und wo bleibt unser Europa? In meiner Wahrnehmung haben die noch unvollendeten Vereinigten Staaten von Europa in den jüngsten, kritischen Phasen der Weltpolitik, etwa dem russisch-georgischen Krieg und auch im Händeln der globalen Finanzkrise begonnen, eine neue, eine stärkere eigene Rolle zu spielen. Sie sollten dies mit noch sehr viel mehr Nachdruck tun.

Die Krise der Weltwirtschaft müsste jedenfalls jedem Europäer vor Augen führen, dass die Union auf etwas längere Sicht nicht nur eine gemeinsame Währung und eine zentrale Notenbank mitsamt einem politischen Rat der Finanzminister, sondern auch einen europäischen Wirtschaftsrat braucht. Frankreichs Präsident Sarkozy nennt das eine europäische Wirtschaftsregierung. Was spricht dagegen – außer, dass wir Deutsche das etatistische Staatsverständnis der Franzosen nicht teilen? Das ist bekannt und richtig, sollte uns aber nicht hindern, gegen die globale Krise in der gemeinsamen Überzeugung von der Notwendigkeit einer sozialen, marktwirtschaftlichen Ordnung und mit gemeinsamer europäischer Wirtschaftskraft anzugehen. Uns Deutschen als Europas kräftigsten Exporteuren sollte das besonders am Herzen liegen.

Das ist gelernt: In jeder Krise steckt auch eine Chance. Unsere Chance ist, dass das Europa der Union auch in der Wahrnehmung seiner Bürgerinnen und Bürger wieder mehr Gestalt annimmt, als wir vor Kurzem noch zu hoffen wagten. »Entweder wir schwimmen gemeinsam –

oder wir gehen gemeinsam unter«, wurde in den hektischen Krisenwochen EU-Kommissionspräsident Barroso einmal zitiert. Das war drastisch, aber richtig. Und man kann als europäischer Deutscher sogar eine Vision daraus machen. Jedenfalls sollten nicht nur die USA, sondern auch wir im alten Europa die Herausforderungen, die uns aufgegeben sind, mit neuem Mut aufnehmen. Und damit vor der je eigenen Haustür beginnen!

Als Deutsche haben wir heute – nicht nur geografisch – unseren Platz mitten in Europa. Was wir mutig wagen, kann und wird auch bei unseren Partnern und Freunden etwas bewegen. Unsere Anstöße werden die zukünftige Richtung Europas mit bestimmen. Darum lohnt es, dass wir um gute, zukunftsfähige Wege ringen – für unser Land, unsere Gesellschaft und für unser Europa.

Anhang

Wolfgang Clements Erklärung zum Austritt aus der SPD im Wortlaut an den SPD-Parteivorstand – Büro Müntefering – Bonn, d. 25. Nov. 2008:

»Hiermit erkläre ich mit Wirkung vom heutigen Tag meinen Austritt aus der Sozialdemokratischen Partei Deutschlands.

Die Gründe dafür sind:

erstens die Entscheidung der Bundesschiedskommission, die meint, die Wahrnehmung des Grundrechts auf Meinungsfreiheit mit einer öffentlichen Rüge drangsalieren zu sollen,

zweitens die Tatsache, dass die SPD-Parteiführung zugleich keinen klaren Trennungsstrich zur PDS/Linken zieht, sondern sogar – in den Ländern – zu einer Zusammenarbeit mit dieser Partei ermuntert, obgleich deren Stasi-Verstrickung offenkundig ist, und

drittens eine Wirtschaftspolitik treiben lässt, die – wie der IGBCE-Vorsitzende Hubertus Schmoldt soeben wieder warnend hervorgehoben hat – auf eine De-Industrialisierung unseres Landes hinausläuft.

Ich bedauere sehr, diesen Schritt, zu dem ich mich nach gründlicher Abwägung entschlossen habe, tun zu müssen.

An den weiteren Diskussionen und Auseinandersetzungen um die hier angesprochenen Fragen werde ich mich – nunmehr als Sozialdemokrat ohne Parteibuch – nach Kräften beteiligen.

Wolfgang Clement

Die 19 Thesen des Frankfurter Zukunftsrates zur Bildungspolitik

Unter der Leitung des stellvertretenden Vorsitzenden des *Frankfurter Zukunftsrates*, Bernhard Bueb, hat der Arbeitskreis Erziehung und Bildung 19 Thesen entwickelt, die ein Umsteuern in unserer Bildungspolitik fordern. Die Thesen wurden am 15. Oktober 2008 in Berlin veröffentlicht. Sie haben diesen Wortlaut:

- Die bisherigen Reformen im Bildungswesen sind an den wichtigsten Personen, den Lehrern, vorbeigegangen. Seit Jahrzehnten beklagen wir Mängel unseres Bildungswesens, aber wenig hat sich zum Besseren gewendet. Bisher haben sich die Reformen weitgehend auf die Veränderung von Strukturen beschränkt; um die Veränderung der Personen, die die Strukturen mit Leben füllen sollen, hat man sich wenig gekümmert.

- Den Mittelpunkt aller Anstrengungen bildet bisher das akademische Lernen; die Persönlichkeitsbildung findet nur unzureichend Beachtung. Zu viele Kinder leiden an einem Mangel an Zuwendung von Erwachsenen und an einem Mangel an gestalteter Gemeinschaft. Die Chancen für Kinder aus bildungsfernen Schichten, eine höhere Bildung zu erlangen, bleiben gering. Die Integrationsförderung von Kindern ausländischer Herkunft gelingt nur bedingt, auch die Förderung und Charakterbildung der Hochbegabten aller Schichten bleibt unzureichend.

- Das Ansehen der Lehrer in Deutschland leidet,

weil ihnen die Mängel des Bildungssystems angelastet werden.

- Eine Ursache vieler Defizite liegt in dem einseitigen Bildungsbegriff der deutschen Bildungspolitik. Sie reduziert Bildung technokratisch auf Kompetenz und Wissenserwerb. Die Bildung der Persönlichkeit von Kindern und Jugendlichen bleibt weitgehend der Familie überlassen, die diese Aufgabe oft nur unzureichend erfüllen kann.

- Bildung heißt, sich Werte, Wissen und Können aneignen, um daraus Orientierung für das Handeln zu gewinnen. Wer bildet, muss sich des Menschenbildes versichern, dem er folgt. Wenn Bildung gelingt, führt sie zu einer Haltung, wie man der Welt und anderen Menschen begegnen sollte. Kinder erwerben Bildung durch Nachahmung von Vorbildern, durch Anleitung von Erwachsenen, durch gestaltetes Zusammenleben, durch alle Formen des Spielens (Sport, Theater, Musik und anderes) und durch akademisches Lernen. Dabei spielt der Erwerb der Sprachkompetenz eine zentrale Rolle.

- Die Vorschläge des Zukunftsrates konzentrieren sich auf die Schule. Diese soll über ihren bisherigen Bildungsauftrag hinaus dafür sorgen, dass Lehrer sich jungen Menschen innerhalb und außerhalb des Unterrichts intensiv zuwenden können, um das Selbstwertgefühl von Kindern und Jugendlichen zu stärken.

- Alle Kinder und Jugendlichen in Deutschland müssen an jedem Schultag eine lebendige Gemeinschaft finden, die ihnen hilft, Vertrauen in die eigenen Kräfte zu gewinnen und zu lernen, respektvoll miteinander umzugehen.

- Alle Kinder und Jugendlichen in Deutschland müssen die Sprache, zentrales Medium der Bildung, in Wort und Schrift beherrschen. Zur Förderung der deutschen Sprache und der interkulturellen Kompetenz müssen eigene Programme entwickelt werden.

- Wichtigkeit und Wertschätzung der Person des Lehrers müssen sich darin ausdrücken, dass sein Selbstverständnis, seine Berufsmotivation, seine Rolle, seine Aus- und Fortbildung ins Zentrum aller bildungspolitischen Anstrengungen gerückt werden. Lehrer sollten die familiäre Erziehung fortsetzen und Defizite ausgleichen. Sie sollten in höherem Maße als bisher bereit sein, auch als Erzieher zu wirken, und sich einer Forderung stellen, welche die Schulreformen des 20. Jahrhunderts – deren Thesen heute noch aktuell sind – formuliert haben: Sie sollten sich nicht nur als »Unterrichter« verstehen, sondern zu »Menschenbildnern« werden. Sie müssen bereit sein, Vorbilder für junge Menschen zu sein und ihren über den Unterricht hinaus als Ratgeber, Förderer, Kritiker und Wegweise zu dienen.

- Kein Kind geht verloren, an das ein Lehrer glaubt. Um aber an ein Kind glauben zu können, müssen Lehrer Gelegenheit erhalten, die Kinder in ihren Stärken zu entdecken. Das können sie besser, wenn sie Kinder nicht nur im Unterricht, sondern auch in anderen Zusammenhängen erleben. Die Veränderung von Strukturen ist notwendig, aber nicht ausreichend, um die genannten Defizite zu beheben. Kinder brauchen die Zuwendung und die Zeit von Menschen, die ihren Glauben an die eigenen Begabungen stärken.

- Die beste Möglichkeit, den Bildungs- und Erziehungsauftrag in gleicher Weise zu erfüllen und allen Kindern und Jugendlichen gestaltete Gemeinschaft und Zuwendung von Erwachsenen zu sichern, ist die Ganztagsschule.

- Damit Lehrer ihren veränderten Aufgaben gerecht werden können, müssen sie einen festen Arbeitsplatz in der Schule erhalten.

- Die Lehrer müssen vom Unterricht entlastet werden, wenn sie zusätzliche Aufgaben übernehmen wie Sport oder Theater.

- Die Schulen müssen so eingerichtet werden, dass sich Lehrer und Schüler gern auch am Nachmittag dort aufhalten.

- Die Aus- und Fortbildung von Lehrern muss grundlegend erneuert werden. Lehramtsstudierende müssen dahin geführt werden, ihre grundsätzliche Eignung für den Lehrerberuf im Laufe des Studiums zu prüfen.

- In Deutschland muss die Ganztagsschule flächendeckend und verpflichtend eingeführt werden.

- Ganztagschule heißt mehr als den ganzen Tag Schule! Ganztagsschule heißt nicht den ganzen Tag Unterricht, sondern morgens Unterricht, gemeinsames Mittagessen und am Nachmittag Hausaufgaben, Förderunterricht, Spiel und Erlebnispädagogik: Theater, Sport, Musik, handwerkliche Arbeit, Schülermitverantwortung, Unternehmungen in der Natur, schöpferische Medienarbeit, wirtschaftliche Schülerunternehmen, Raum für Stille.

- In der Ganztagsschule werden Kinder und Jugendliche von Lehrern ganzheitlich gefördert. Eine entscheidende Bedingung muss dafür allerdings erfüllt sein: Wer morgens unterrichtet, muss auch am Nachmittag Schüler betreuen, mit ihnen Hausaufgaben machen, Förderunterricht geben und Partner im Spiel und bei anderen Tätigkeiten sein.

- Durch die flächendeckende Einführung der Ganztagsschule gewinnt Deutschland den Anschluss an Europa. Der internationale Vergleich zeigt: Dieses Schulmodell ist erfolgreich und ein Gewinn für alle – Kinder, Eltern und Lehrer. Konzeption und Wirklichkeit vieler Ganztagsschulen, die es in Deutschland schon gibt, sind so überzeugend, dass immer mehr Eltern ihre Kinder gerne solchen Schulen anvertrauen, in die Kinder und Jugendliche auch selber gern gehen.

Weitere Bücher dieser Reihe im Johannis-Verlag

Peter Hahne

Schluss mit lustig

Das Ende der Spaßgesellschaft

144 Seiten, gebunden, € 9.95

Bestell-Nr. 05 180 · ISBN 978-3-501-05180-1

Erwin Teufel

Maß & Mitte

Mut zu einfachen Wahrheiten

160 Seiten, gebunden, € 9.95

Bestell-Nr. 05 181 · ISBN 978-3-501-05181-8

Markus Spieker

Mehrwert

Glauben in heftigen Zeiten

160 Seiten, gebunden, € 9.95

Bestell-Nr. 05 182 · ISBN 978-3-501-05182-5

Wolfgang Huber

Position beziehen

Das Ende der Beliebigkeit

144 Seiten, gebunden, € 9.95

Bestell-Nr. 05 183 · ISBN 978-3-501-05183-2

Norbert Lammert

Flagge zeigen

Vielfalt braucht Orientierung

144 Seiten, gebunden, € 9.95

Bestell-Nr. 05 184 · ISBN 978-3-501-05184-9

Peter Stützle

Generation Abgrund

Stirbt Europa aus?

160 Seiten, gebunden, € 9.95

Bestell-Nr. 05 186 · ISBN 978-3-501-05186-3

Peter Hahne

Suchet der Stadt Bestes

Werte wagen für Politik und Gesellschaft

160 Seiten, gebunden, € 9.95

Bestell-Nr. 05 133 · ISBN 978-3-501-05133-7

Ulrich Fischer

Einspruch

Glaube mischt sich ein

160 Seiten, gebunden, € 9.95

Bestell-Nr. 05 187 · ISBN 978-3-501-05187-0

Markus Spieker
faithbook
Ein Journalist sucht den Himmel
160 Seiten, gebunden, € 9.95
Bestell-Nr. 05 188 · ISBN 978-3-501-05188-7

Ewald Hetrodt
Günther Beckstein
Die Biografie
184 Seiten, mit Bildern, gebunden, € 14.50
Bestell-Nr. 05 185 · ISBN 978-3-501-05185-6